CellGarden

W0326338

SUPER FOOD ASSISTANT

GESUNDER LIFESTYLE MIT SPROSSEN UND MICROGREENS

Wichtiger Hinweis

Sämtliche Inhalte dieses Buches wurden – auf Basis von Quellen, die die Autoren für vertrauenswürdig erachten – nach bestem Wissen und Gewissen recherchiert und sorgfältig geprüft. Trotzdem stellt dieses Buch keinen Ersatz für eine individuelle medizinische Beratung dar. Wenn Sie medizinischen Rat einholen wollen, konsultieren Sie bitte einen qualifizierten Arzt. Die Autoren haften für keine nachteiligen Auswirkungen, die in einem direkten oder indirekten Zusammenhang mit den Informationen stehen, die in diesem Buch enthalten sind.

ISBN 978-3-9819544-2-5

2. Auflage 2020

Cell Garden
Superfood Assistant

Umschlaggestaltung, Illustration: Erik Maier, Agentur Graustich
Rezeptentwicklung: Alexander Lier, Marina Zeisler, Josef Teips, Jelena Maier
Fotografie: Jelena Maier, Lina König
Texte: Alexander Lier, Marina Zeisler, Josef Teips, Cornelia Niesner, Jule Fuhrmann
Lektorat, Korrektorat: Cornelia Niesner

Herausgeber: Cell Garden – Josef Teips, Marina Zeisler, Alexander Lier GbR
Anton-Huber-Str. 20
73430 Aalen
Tel.: 07361-6339599
E-Mail: info@cellgarden.com
www.cellgarden.com

gugler* print · MIX Papier aus verantwortungsvollen Quellen FSC® C005108 · Cradle to Cradle Certified Silver · greenprint* klimapositiv gedruckt

Gedruckt nach der Richtlinie „Druckerzeugnisse" des Österreichischen Umweltzeichens. gugler* print, Melk, UWZ-Nr. 609, www.gugler.at

IN
HALTS
VER
ZEICH
NIS

VORWORT

Wenn du dieses Buch in den Händen hältst, hast du bereits den ersten Schritt gemacht – einen Schritt in Richtung gesunde Ernährung und bewusstes Leben.

Für uns ist das die wichtigste Voraussetzung, denn du musst es wollen. Und damit du es willst, muss es umsetzbar sein, sich in deinen Alltag integrieren. Genau das wollen wir mit dir erreichen. In diesem Buch erwarten dich eine verständliche Portion Basis-Wissen, über 80 leckere Rezepte und ein 4-Wochen-Ernährungsplan, der zu deinem Rhythmus passt.

Wer steckt dahinter?

Wir, das sind Marina, Joe und Alex. Obwohl unsere Vorgeschichten komplett unterschiedlich sind, hat uns die Leidenschaft für Genuss und gesunde Ernährung zusammengeführt. Im Vordergrund stand immer unser Interesse, nährstoffreiche und frische Lebensmittel ökologisch sauber und möglichst einfach selbst anzubauen. Dabei ist Cell Garden entstanden – und somit ein vielseitiger Lifestyle mit Sprossen und Microgreens.

In diesem Buch haben wir alles zusammengefasst, was wir in den letzten Jahren zum Thema Ernährung, Superfoods und insbesondere Sprossen gelernt haben. Alles ist so aufbereitet, dass du noch heute damit starten kannst.

Auf diesem langen Weg haben wir viele Lebensmittel und vor allem die Superfoods Sprossen und Microgreens in unser Foodie-Herz geschlossen. Was wir daran so toll finden, erzählen wir dir auf den nächsten Seiten. Es sei nur so viel gesagt: Diese kleinen Wundermittel haben uns ungeahnte Superpower beschert und sind jeden Aufwand wert.

Damit du sie schnell und einfach in dein Leben integrieren kannst, haben wir in unserem Cell Garden Onlineshop alles, was du zum Sprossen ziehen brauchst: Sprossengläser in verschiedenen Größen mit praktischem Aufsatz, gelingsichere Keimsaat und einen übersichtlichen Sprossen-Organizer in der Cell Garden App. Außerdem arbeiten wir weiter an der Cell One, einem intelligenten Home-Growing-Automaten, der sich dank schickem Design nicht nur wunderbar in deine Küche integriert, sondern auch mit modernster Technik nahezu alle Schritte beim Ziehen deiner Superfoods übernimmt.

Schau doch mal auf unserer Website vorbei:
www.cellgarden.com

Für uns zählen vor allem Frische, Gesundheit, Einfachheit und natürlich Geschmack, geballt mit einer guten Portion Power. Wir möchten jeden mit unserem Kochbuch inspirieren und motivieren. Aus diesem Grund sind alle Gerichte vegan, viele sogar roh (nicht über 43 °C erhitzt), gluten- und sojafrei. Mit verständlichen Inhalten und einer klaren Struktur führen wir dich durch die Welt der Sprossen und Microgreens. Und du wirst merken – so kompliziert ist das alles gar nicht. Verschiedene Icons im Buch für Fitness, Abnehmen, Detox und vieles mehr weisen dir den Weg. Wähle die richtigen Rezepte für deine Bedürfnisse aus oder koche einfach nach, was du gerne probieren möchtest: Alle Rezepte tun deinem Körper etwas Gutes!

Probier es einfach aus – wir zeigen dir, wie‘s geht!

v.l.n.r.
Joe Teips, Alexander Lier und Marina Zeisler

SPROSSEN – GEBALLTE SUPERPOWER

Der Begriff Superfood kam zu Beginn des 20. Jahrhunderts auf. Richtig populär wurde der Name aber erst in den letzten Jahren, mittlerweile ist er nicht mehr aus der Food-Szene wegzudenken. Was jedoch fehlt, ist eine allgemeingültige Begriffsdefinition.

Das Europäische Informationszentrum für Lebensmittel definiert Superfoods als „Lebensmittel, insbesondere Obst und Gemüse, die aufgrund ihres Nährstoffgehaltes einen höheren gesundheitlichen Nutzen als andere Nahrungsmittel haben". Superfoods weisen einen hohen Anteil an Vitaminen, Mineralstoffen, Spurenelementen und weiteren gesundheitsfördernden Inhaltsstoffen auf. Sie sind reine Naturerzeugnisse, die nicht industriell weiterverarbeitet wurden und beispielsweise in Tablettenform vorliegen. Sie sollten, wenn möglich, stets frisch und roh konsumiert werden.

Neben exotischen Superfoods, wie Algen, Chiasamen oder Matcha-Tee, werden auch viele altbewährte pflanzliche Nahrungsmittel, wie Früchte, Beeren, Nüsse und Sprossen, als Superfoods wiederentdeckt.

#1 SPROSSEN

Sprossen und Keimlinge sind zum Leben erweckte Samen in Form einer Baby-Pflanze. Man könnte auch sagen, sie sind frisches, lebendiges Gemüse. Mit der Keimung werden die Nährstoffe für uns zugänglich gemacht. Durch den Keimvorgang werden Kohlenhydrate, Proteine sowie Fette umgewandelt und Enzyme gebildet. Durch diese Umwandlung liegen die Nährstoffe in einer einfach aufnehmbaren Form mit hoher Bioverfügbarkeit vor. Das spart dir Verdauungsarbeit und liefert deinem Körper Energie, die schnell zur Verfügung steht. Sprossen enthalten Eiweiß, Fette, Kohlenhydrate und zusätzlich eine Menge Vitamine, Mineralstoffe und Spurenelemente. Gerade in der pflanzlichen Ernährung gelten vor allem Sprossen aus Hülsenfrüchten, wie Linsen, Kichererbsen, Erbsen und Mungbohnen, als hervorragende Proteinquelle. Sie enthalten viel wertvolles pflanzliches Protein und zugleich weniger Fett und Kohlenhydrate. Aber mach dir wegen Kohlenhydrate keine Sorgen, in gekeimter Form gegessen sind sie Teil einer vollwertigen Mahlzeit mit vielen Vitaminen, Mineral- und Ballaststoffen. Also keine leeren Kalorien, die den Blutzuckerspiegel nach oben schnellen lassen. Besonders nach dem Sport gehören Kohlenhydrate zu einer idealen Mahlzeit, um deine Muskeln mit den richtigen Nährstoffen zu versorgen.

#2 MICROGREENS

Microgreens sind Mini-Pflänzchen, die aus Sprossen entstehen. Sie besitzen bereits kleine, feine Blätter. Das unterscheidet sie von Sprossen: Sie benötigen Licht zum Wachsen und sind deshalb auch chlorophyllhaltig. Chlorophyll ähnelt in seiner Struktur dem Blutfarbstoff Hämoglobin. Microgreen ist sehr geschmacksintensiv und nährstoffreich. Dadurch ist dieses Superfood in vielerlei Hinsicht eine Bereicherung für jedes Gericht. Die University of Maryland fand bei einer Studie heraus, dass der Vitamingehalt bei bestimmten Microgreen-Arten bis zu 40-mal höher ist als bei der ausgewachsenen Mutterpflanze. Besonders wertvoll sind die im Microgreen enthaltenen

Bitterstoffe und ätherischen Öle. Inbesondere wenn du auf deine Figur achtest, solltest du möglichst viel Microgreens in deine Mahlzeiten integrieren. Die enthaltenen Bitterstoffe sorgen für ein schnelleres Sättigungsgefühl, sie verbessern die Verdauung und ermöglichen eine höhere Nährstoffaufnahme. In Kombination mit ein paar bitteren Salatblättern ist das ein echter Schlankmacher. Dazu kommt noch, dass Bitterstoffe den Fettstoffwechsel positiv beeinflussen, wodurch Nahrungsfette sofort verbrannt werden.

#3 NÜSSE UND KERNE

Nüsse und Kerne sind das i-Tüpfelchen in unserer Küche. Mit ihrer Hilfe kannst du vielen Gerichten eine besondere Geschmacksnote verleihen. Nüsse und Kerne eignen sich für Süßes genauso gut wie für herzhafte Mahlzeiten. Nüsse enthalten gesunde, mehrfach ungesättigte Fette, sind reich an Proteinen, Vitaminen, Mineralstoffen und Spurenelementen. Eine ausgewogene Ernährung sollte täglich Nüsse enthalten.

MEHR ALS NUR SOJA-SPROSSEN

Sprossen kennt eigentlich jeder. Du hast sie bestimmt auch schon mal gegessen. Vermutlich als du beim letzten Mal asiatisch Essen warst. In der asiatischen Küche werden meistens Sojasprossen verwendet, sie werden mittlerweile fast ausschließlich aus der Mungbohne gezogen. Die Mungbohne ist eine Verwandte der Sojabohne und lässt sich ganz einfach zu Sprossen ziehen.

Was viele nicht wissen: Sprossen können aus den verschiedensten Samen gezogen werden. Unter den Hülsenfrüchten sind beispielsweise gekeimte Mung-, Adzukibohnen, Kichererbsen und Linsen deine besten Eiweißlieferanten. Hafer- und Weizensprossen versorgen deinen Körper mit vollwertigen Ballaststoffen und Kohlenhydraten.

Bei Microgreens ist das ähnlich. Sie begegnen uns eigentlich tagtäglich beim Einkauf. Dir nicht? Vielleicht kennst du sie nicht unter diesem Namen. Aber erinnerst du dich noch, wie du im Kindergarten oder in der Schule Kresse auf Watte gezüchtet hast? Da hast du sie – Microgreens oder Mikrogrün, Grünkraut oder Sprossengrün, wie sie in Deutschland bezeichnet werden. Wie bei Sprossen ist auch hier die Fülle an verschiedenen Sorten fast unendlich. Microgreens werden aus sogenannten Keimsaaten gezogen. Am weitesten verbreitet sind zum Beispiel Alfalfa, Brokkoli, Radieschen, Rettich, Rucola oder Senf. Weitere Sprossen können aus Lein-, Chia- sowie Flohsamen gezüchtet werden, die über hochwertiges Eiweiß, Mineralstoffe und Omega-3-Fettsäuren verfügen.

VOM SAMEN ZUM SUPERFOOD

Sprossen sind gekeimte Samen, die vor der Entwicklung von echten Blättern geerntet wurden.
Ein Samen enthält alle notwendigen Nährstoffe für die Entwicklung seines eingelagerten Embryos. Aus biologischer Sicht stellt die Sprosse das erste Wachstumsstadium einer Pflanze dar, das mit der Samenkeimung beginnt.

Der Samen wird in Wasser eingeweicht. Das Wasser dringt durch die Keimpore in den Samen ein, der dadurch zum Leben erwacht. Er saugt sich mit Wasser voll und sprengt seine Schutzhülle. Die Enzyme des Samens werden aktiviert. Enzyme sind Proteine und spielen als Biokatalysatoren eine enscheidende Rolle im Wachstum vom Samen zur Sprosse. Es kommt zur Aufspaltung von Nährstoffen wie von Mehrfachzucker zu Zweifach- und Einfachzucker, von Fetten zu essentiellen Fettsäuren und von Proteinen zu Aminosäuren. Es werden neue Stoffe gebildet und Hemmstoffe, die den Samen vor den Umwelteinflüssen schützen, werden abgebaut. Es bilden sich Triebe und Wurzeln und je weiter die Keimung fortschreitet, desto mehr Nährstoffe werden umgewandelt und neu gebildet. Etwa am dritten Tag ist die Sprosse erntereif.

Im weiteren Wachstumsprozess ab dem 4. bis 5. Tag entwickeln sich Sprossen zu Microgreens.
Microgreen ist eine weit verbreitete Bezeichnung für die Stufe zwischen Sprosse und Jungpflanze. Chlorophyll und weitere Mikronährstoffe werden gebildet. Etwa ab dem 5. Tag entwickeln sich kleine grüne Keimblättter, wobei es sich bei ihnen nicht um die eigentlichen Blätter der späteren Pflanze handelt. Je nach Samenart können Microgreens bereits ab dem 7. Tag nach der Keimung geerntet werden, frühestens jedoch, wenn sich die Blätter des Keimblatts vollständig entwickelt haben. Sie werden direkt vor dem Verzehr in der Küche geerntet – noch frischeres Gemüse gibt es nur im eigenem Garten.

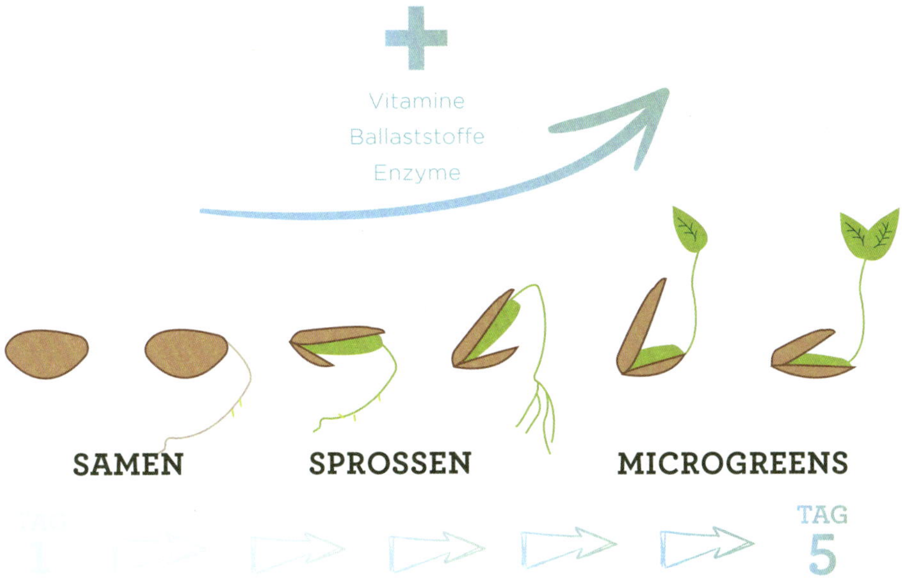
Vitamine
Ballaststoffe
Enzyme
SAMEN
SPROSSEN
MICROGREENS
TAG
5

10 SUPERGRÜNDE FÜR SPROSSEN UND MICROGREEN

1

ABSOLUTE CHAMPIONS UNTER DEN LEBENSMITTELN

Sie weisen die höchste Konzentration an Nährstoffen pro Kalorie auf.

2

ECHTE VITAMINSPENDER

Sie verfügen über A-, B-, C- und E-Vitamine sowie Niacin und Biotin. In Sprossen bieten sich Vitamine im natürlichen Verbund mit Enzymen an.

3

ESSENTIELLE MINERALSTOFFE UND SPURENELEMENTE

Die wichtigsten sind Eisen, Kalzium, Kalium, Kupfer, Magnesium, Mangan, Natrium, Phosphor und Zink. Mineralstoffe und Spurenelemente sind für den reibungslosen Ablauf zahlreicher Stoffwechselprozesse unentbehrlich.

4

VIELFÄLTIG UND LECKER

Der Geschmack von Sprossen variiert von süßlich über herb bis hin zu leicht scharf. Der Keimling trägt meist den Geschmack in sich, den wir von der ausgewachsenen Pflanze kennen, und ist manchmal sogar noch intensiver.

5

KLEINE, ABER WIRKSAME HELFER FÜR DAS IDEALGEWICHT

Sprossen sind kalorienarm, da sie viel Wasser und Ballaststoffe enthalten.
Dies hilft dem Körper bei der Verdauung, steigert unser Wohlbefinden, fördert das Sättigungsgefühl und reduziert damit das Körpergewicht.

6

GUTE VERDAULICHKEIT UND BASISCHE VERSTOFFWECHSELUNG

Durch die aktivierten Enzyme kommt es zur Aufspaltung von Nährstoffen. Proteine werden in Aminosäuren umgewandelt, Fette in essentielle Fettsäuren, komplexe Kohlenhydrate werden in Einfach- und Zweifachzucker zerlegt, Proteine, Vitamine und Enzyme vervielfältigen sich und es kommt zur Chlorophyllbildung.

Das spart dir Verdauungsarbeit und liefert deinem Körper Energie, die schnell zur Verfügung steht.

7

SPROSSENZIEHEN KINDERLEICHT

Eigene Sprossen züchten geht leicht, macht Spaß und ist besonders für Kinder ein tolles Erlebnis. Zudem führt es schon die Kleinsten an gesunde Essgewohnheiten mit frischen Produkten heran.

8

WERTVOLLE NÄHRSTOFFE – AUCH FÜR DEIN HAUSTIER

Nicht nur Menschen profitieren von gesunder Ernährung. Mit gekeimten Bohnen und Samen im Futter förderst du auch die Gesundheit deines Haustiers.

9

GELD SPAREN

Kein Gemüse ist so kostengünstig wie Sprossen, denn Samen vervielfachen ihr Volumen beim Keimen: 500 g Alfalfasamen ergeben 3 kg Sprossen.

10

UNABHÄNGIG VON SAISON, TRANSPORT UND LAGERUNG

Selbst bei Biogemüse können wir nicht immer ausschließen, ob nicht doch auf Chemikalien in der Herstellung zurückgegriffen wurde. Bei selbstgezogenen Sprossen weißt du genau, woher sie kommen, dass du sie selbst gezogen und geerntet hast.

BASICS FÜR SPROSSENGÄRTNER

Sprossen züchten ist kein Hexenwerk! Mit ein paar Tipps und Tricks lassen sich Sprossen auf unterschiedliche Art und Weise in nur wenigen Tagen heranziehen.

Du kannst dabei zwischen verschiedenen Keimmethoden wählen: Anzucht im Glas, im Beutel oder in der Keimschale. Bis auf ein paar wenige Ausnahmen kannst du mit diesen drei Möglichkeiten die meisten Samen zum Keimen bringen.

Es gibt Sprossengläser und Keimschalen in verschiedenen Ausführungen auf dem Markt. Besonders beliebt sind unsere Cell Garden-Sprossengläser aus unserem Onlineshop, bestehend aus einem vielseitig verwendbaren Glas mit praktischem Keimaufsatz.

Zudem gibt es teilautomatische Sprossenkeimgeräte. Aktuell arbeiten wir noch an unserem Sprossenzuchtautomaten, der Cell One, die dir in Zukunft das Sprossen ziehen erleichtern wird. Alle Informationen zur Cell One findest du auf unserer Website. Aber keine Sorge, das bekommst du auch ohne technische Hilfe alles hin!

Im Folgenden beschreiben wir zwei simple Keimmethoden, die sehr gut funktionieren. Ziehe mit diesen beiden Methoden deine ersten Sprösslinge – ganz unkompliziert und ohne großen Aufwand.
Vorab zeigen wir dir, was du beim Einweichen von Getreide, Nüssen und Hülsenfrüchten beachten solltest.

EINWEICHEN VON NÜSSEN, HÜLSENFRÜCHTEN UND GETREIDE

Das Einweichen macht Getreide und Hülsenfrüchte vor der Weiterverarbeitung bekömmlicher, indem es die Hemmstoffe auswäscht, die die Mineralstoffaufnahme im Körper und die Verdauung erschweren.
Das Einweichen von Nüssen ist aus gesundheitlichen Aspekten nicht zwingend erforderlich. Nüsse erhalten durch den Einweichprozess eine besonders frische Note. Die Mandeln schmecken dadurch, als wären sie gerade frisch vom Baum gefallen, und auch die Walnüsse sind in ihrem Aroma unvergleichlich. Zudem lassen sich die Nüsse und Kerne, wenn sie eingeweicht sind, viel besser für unsere Rezepte verarbeiten.

HIER SIND UNSERE TIPPS ZUM EINWEICHEN:

1 Hülsenfrüchte, Getreide und Nüsse lassen sich am besten in einer Schüssel mit frischem Wasser einweichen. Beachte dabei, dass sie mit genügend Wasser bedeckt sind.

2 Die meisten Hülsenfrüchte, Getreide und Nüsse kannst du ganz praktisch über Nacht einweichen lassen. Die genauen Einweichzeiten haben wir im Superfood-Guide für dich zusammengestellt.

3 Danach das Einweichwasser abgießen und alles gut durchspülen.

»Das Einweichen macht Bohnen vor dem Kochen bekömmlicher.«

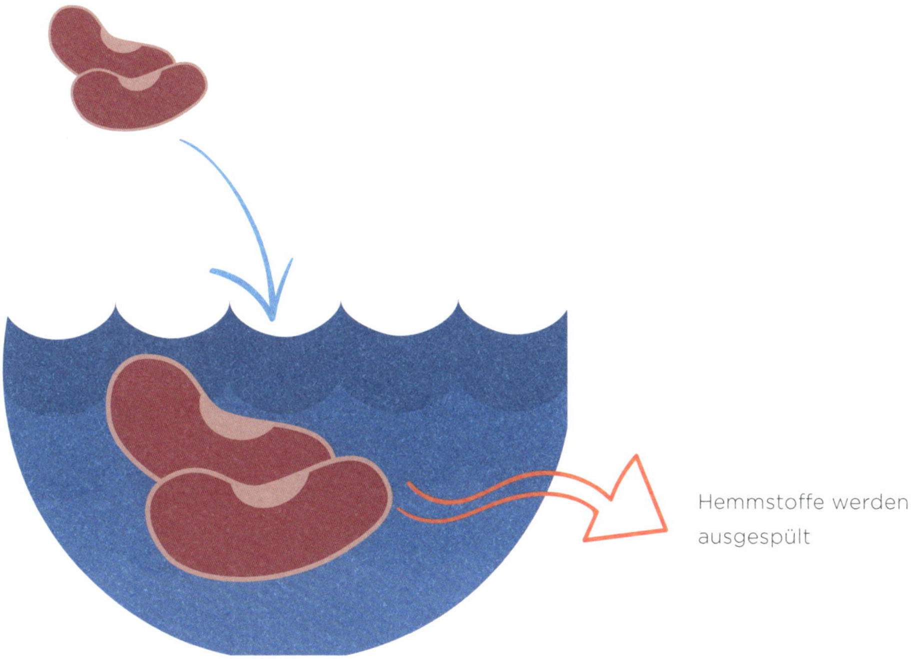

Viele Sprossen, wie Brokkoli, Radieschen oder Mungbohnen, können roh gegessen werden. Das sollten sie sogar, wenn du das volle Potential dieser Sprossen ausschöpfen möchtest. Andere dagegen sollten unbedingt vor dem Verzehr kurz angedünstet oder gekocht werden.

Sprossen unterscheiden sich auch in der Keimung. Manche Samenarten mögen es hell, die anderen lieber dunkel. Beginnt die Keimung unter der Erde, möchte der Keimling der Sonne entgegen wachsen. Daher solltest du das Keimglas bei den Dunkelkeimern mit einem Tuch abdecken.

Eine Liste zur Keimung, welche Sprossen roh verzehrt werden können und welche am besten im Dunkeln keimen, findest du in deinem Superfood-Guide oder mobil im Sprossen-Organizer in der Cell Garden App.

KEIMEN IM SPROSSENGLAS

Mit den Cell Garden Sprossengläsern bist du bestens ausgestattet für das Keimen. Die verschiedenen Größen der Gläser ermöglichen es dir, auch größere Mengen Sprossen auf einmal zu ziehen, und der praktische Keimaufsatz sorgt für eine einfache Handhabung. Sie sind geeignet für die Anzucht von frischen Sprossen aus Hülsenfrüchten, Radieschen, Alfalfa, Brokkoli, Buchweizen und vielen weiteren Keimsaaten.

Befüllen

Glas: **1/4** 1/2 3/4

Einweichen

h: 1 2 3 4 5 6 7 **8**

Spülen

1x täglich 1x

Wachstum

Tage: 1 2 **3**

UND SO GEHT'S:

1 Das Glas zu 1/4 mit Samen befüllen.

2 Sprossenglas mit Wasser füllen und die Samen für die angegebene Dauer einweichen.

3 Anschließend das Einweichwasser ausgießen und die eingeweichten Samen so lange durchspülen, bis das abfließende Wasser klar ist.

4 Das Sprossenglas umgekehrt auf dem Deckel stehen lassen, damit überschüssiges Wasser komplett abtropfen und die Luft zirkulieren kann. Der Keimprozess hat begonnen und nach nur wenigen Tagen beginnen die Sprossen zu wachsen.

Besonders wichtig ist es, die Sprossen regelmäßig zu bewässern beziehungsweise durchzuspülen. In der Regel machst du das einmal am Morgen und einmal am Abend. Durch das Spülen werden die Sprossen abgekühlt und sie nehmen frisches Wasser auf. Dafür das Glas mit frischem, kaltem Wasser füllen, kurz einwirken lassen, dann wieder durchspülen und das Glas umgekehrt auf dem Deckel stehen lassen, damit überschüssiges Wasser komplett abtropfen kann. Für eine maximale Luftzufuhr kann das Sprossenglas nach dem Abtropfen seitlich gelegt werden. Das empfiehlt sich bei Brokkoli, großen Hülsenfrüchten, wie Kichererbsen und Grüne Erbsen, sowie bei Getreide.

Sehe das tägliche Spülen als kleines Ritual auf dem Weg zu deinen eigenen Sprossen an und wiederhole dies je nach Sprossensorte für die nächsten 1–6 Tage.

5 Die fertigen Sprossen halten sich etwa eine Woche im Kühlschrank. Verschließe das Glas luftdicht und verwöhne die Sprossen nach ein paar Tagen, indem du sie nochmals bewässerst und abgießt. So bleiben sie frisch und geschmacksintensiv.

6 Nach der Ernte müssen Deckel und Glas gründlich gereinigt werden.

7 Nun kann das Glas mit neuen Samen befüllt werden. Der Kreislauf beginnt von vorne.

Klingt doch gar nicht so schwer, oder? Dann weiter zur nächsten Methode.

WICHTIG:
Sprossen morgens und abends durchspülen.

KEIMEN MIT KEIMSCHALE

Das Keimen mit einer Keimschale eignet sich vor allem für schleimbildende Saaten wie Kresse, Leinsamen, Rucola oder Chiasamen. Die Keimschale besteht aus einem Gitter und einem Gefäß für Wasser. Darin gelingen die Sprösslinge ganz ohne Erde. Das Gitter ist so aufgebaut, dass selbst kleine Samen nicht durchfallen können. Die feinen Wurzeln fädeln sich durch das Gitter zum Wasser und versorgen sich quasi selbst. Nach 4–7 Tagen ist dein selbstgezüchtetes Microgreen erntereif und kann sofort auf deinen Teller wandern. Du kannst es auch noch weitere 14 Tage wachsen lassen. In dem Fall gießt du einfach regelmäßig frisches Wasser nach.

UND SO GEHT'S:

1 Das Gitter auf die Auffangschale setzen.

2 Einen gestrichenen Esslöffel Samen gleichmäßig auf dem Gitter verteilen.

3 Schale vorsichtig mit Wasser füllen, bis das Wasser das Gitter von unten benetzt. Danach die Samen mit einer Sprühflasche befeuchten, sodass alle Samen gut benetzt sind.

4 Die Keimschale zunächst an einen Platz ohne direkte Sonneneinstrahlung stellen.

5 In den nächsten Tagen die Samen gut feuchthalten und ca. zweimal am Tag mit Wasser besprühen. Verdunstetes Wasser in der unteren Schale sollte wieder aufgefüllt werden.

6 Wasser in der Schale alle 2–3 Tage wechseln.

7 Bereits nach 4–7 Tagen können die Microgreens mit einer Schere geerntet werden.

Nach dem Ernten muss die Keimschale gründlich mit Spülmittel und Bürste gereinigt werden. Die Samenreste und Wurzeln einfach mit einem Messer abschaben und danach spülen. Die Keimschale kann dann auch in der Spülmaschine gereinigt werden.

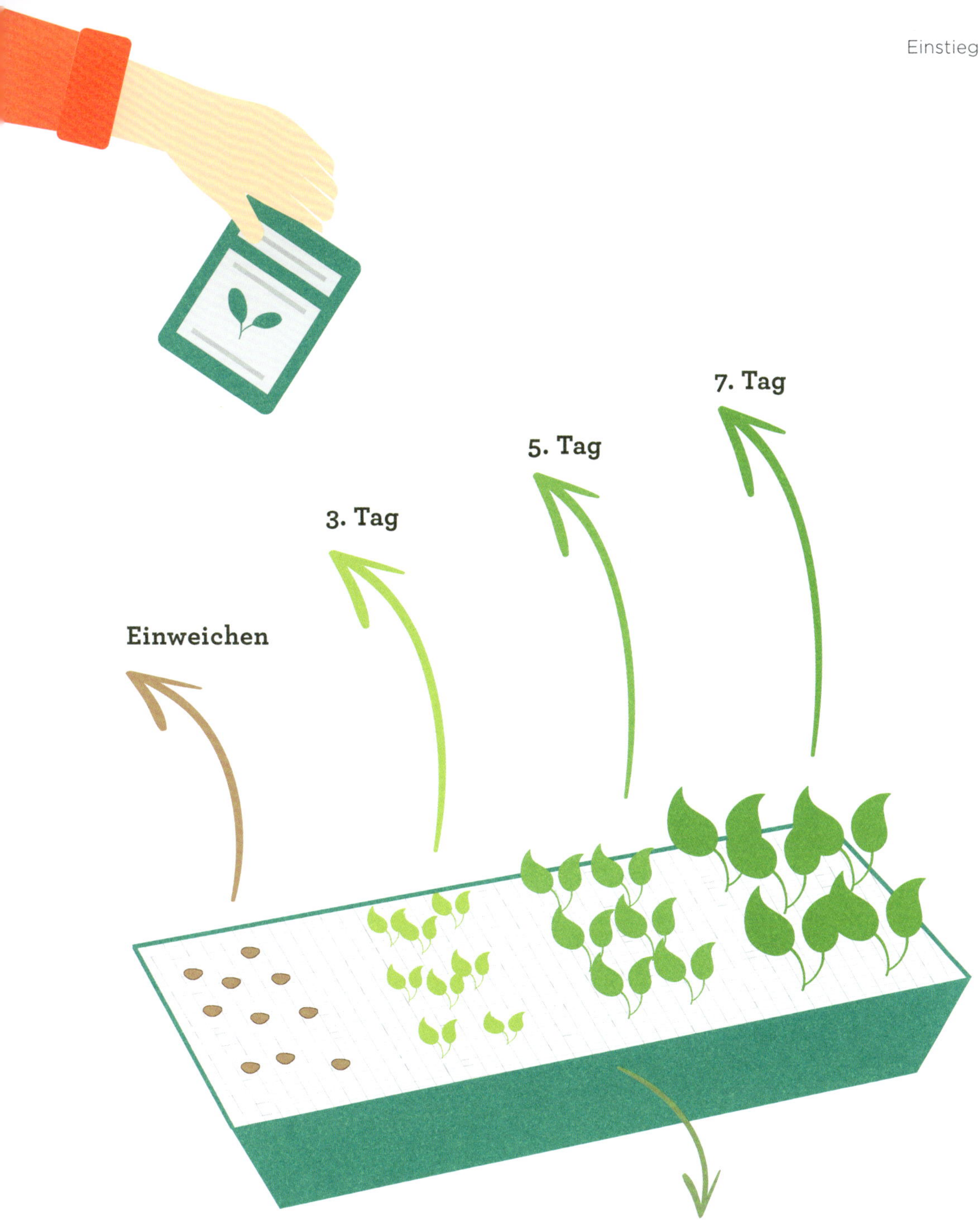

Da kann man fast beim Wachsen zusehen!
Deine Microgreens aus der Keimschale.

HÄUFIGE FRAGEN, TIPPS UND BASICS ZUM KEIMEN

1 Checkliste zum Sprossen ziehen

Hier haben wir eine Checkliste mit den wichtigsten Punkten, damit deine Sprossen und Microgreens gelingen:

Qualität: Achte darauf, nur Samen in Bio-Qualität und mit hoher Keimfähigkeit zu kaufen. Andernfalls könnten sie mit Giftstoffen und Pestiziden behandelt worden sein. Diese sind dann nicht zum rohen Verzehr und entsprechend nicht zum Keimen bestimmt.

Platz: Keimsaaten brauchen Platz, die Gläser und Keimschalen sollten also nicht zu voll sein. Hinweise dazu findest du auf der Packungsanweisung der jeweiligen Keimsaat.

Bewässern: In der Regel werden Sprossen zweimal täglich mit frischem, kaltem Leitungswasser gespült. Bei schleimbildenden Sprossensorten, z. B. Buchweizen, sollte solange gespült werden, bis das Wasser klar abfließt.

Sauerstoffzufuhr: Das Keimglas sollte immer so stehen, dass die Luft gut zirkulieren kann.

Licht: Hell, ohne direkte Sonneneinstrahlung für Hellkeimer, für Dunkelkeimer das Keimglas in den ersten Tagen eventuell mit einem Tuch abdecken.

Sauberkeit: Keimgeräte und Utensilien vor der Benutzung mit kochend heißem Wasser reinigen.

2 Kann ich alle Samen, Hülsenfrüchte und Getreide keimen?

Grundsätzlich ja. Wir empfehlen, für die Sprossenzucht vorgesehene Bio-Keimsaaten. Keimsaaten von Cell Garden sind besonders keimfähig, unbehandelt, erfüllen strenge Qualitätsrichtlinien und sind für das Keimen von Sprossen sowie deren Verzehr vorgesehen.

3 Welche Sprossen sind für Sprossenanfänger geeignet?

Beginne am besten mit Samensorten, die schnell und pflegeleicht keimen, wie Buchweizen, Mungbohnen, Linsen, Kichererbsen, Alfalfa und Radieschen.

4 Sind Sprossen für Kleinkinder und schwangere Frauen geeignet?

Rohe Sprossen können mit pathogenen Mikroorganismen verunreinigt sein. Diese Gefahr besteht vor allem bei verzehrfertigen und abgepackten Sprossen aus dem Supermarkt. Daher gilt für Säuglinge, Kleinkinder und schwangeren Frauen die Empfehlung, auf den Verzehr von rohen Sprossen zu verzichten. Um das Risiko zu vermeiden, sollten die Sprossen mindestens 3–5 Minuten bei 100 Grad gekocht werden. Wenn man Sprossen selber züchtet und auf gute Hygiene achtet, ist das Risiko gering.

5 Ist die Geruchsentwicklung beim Keimen normal?

Manche Samen bilden beim Einweichen mehr Schleim, der die Geruchsbildung begünstigt. Solange die Keimsaat aber mehrmals täglich bewässert wird, ist das kein Problem. Sollte die Geruchsentwicklung nach dem Spülen zu stark und unangenehm werden, wird vom Verzehr abgeraten.

6 Ist der weiße Flaum auf den Sprossen Schimmel?

Bei Verwendung hochwertiger Keimsaaten für die Sprossenzucht und richtiger Anwendung entsteht in den seltensten Fällen Schimmel.

Meistens werden die pelzig-flaumigen weißen Faserwurzeln der jungen Sprossen mit Schimmel verwechselt. Die Wurzelhaare dienen der jungen Sprosse der Aufnahme des Wassers. Faserwurzeln bilden insbesondere die Keimsaaten Senf, Rettich, Radieschen, Brokkoli und Alfalfa beim Wachstum.

Sprossen nach 2–3 Tagen

7 Warum gelingen meine Sprossen nicht?

Dies könnte an den folgenden Punkten liegen:

- Die Samen liegen zu dicht beieinander.
- Die Samen wurden zu oft oder zu wenig gegossen. Achte auf frisches, kaltes Wasser.
- Die Umgebungstemperatur beim Keimen ist zu hoch oder zu niedrig.
- Die Keimsaaten haben keine gute, gelingsichere Qualität.
- Durch Staunässe, zu viel oder zu wenig Wasser und falsche Lichtverhältnisse kann es zu Schimmelbildung kommen.

Wenn deine Sprossen nicht gelingen, gehe noch mal alle Punkte unserer Checkliste zum Keimen durch und probier es noch mal. Lass dich nicht entmutigen, beim nächsten Mal klappt es bestimmt!

8 Kann ich Sprossen roh essen?

Bis auf wenige Ausnahmen dürfen Sprossen und vor allem Microgreens roh gegessen werden. Achte dabei auf Folgendes:

- Ausschließlich für die Sprossenzucht vorgesehene Bio-Keimsaaten aus biologischen Anbau verwenden.
- Sprossen vor dem Verzehr immer gründlich waschen.
- Hülsenfrüchte erst ab dem 4. Keimtag roh essen.
- Bohnensprossen nicht roh verzehren, Ausnahmen sind Mungbohnen- und Adzukibohnensprossen.
- Bei empfindlicher Verdauung Sprossen vor dem Verzehr blanchieren oder dünsten.

9 Welche Sprossen eigenen sich zum Kochen?

Alle Sprossen aus Hülsenfrüchten, wie Kichererbsen, Linsen und Erbsen, sowie Getreide, wie Buchweizen und Hafer, können gut gekocht werden. Sie behalten dadurch immer noch einen großen Teil ihrer Nährstoffe. Microgreens wie Alfalfa, Brokkoli, Radieschen etc. sollten roh verzehrt werden, da sie beim Erhitzen viele Nährstoffe verlieren.

10 Wo lagert man Sprossen und wie lange sind sie haltbar?

Am besten werden Sprossen direkt frisch gegessen. Frische Sprossen können im Kühlschrank bei ca. 4–6 °C für 2–5 Tage aufbewahrt werden. Wasche die Sprossen vorher und lass sie gut abtropfen. Werden Sprossen feucht gelagert, könnte überschüssiges Wasser den Verfall beschleunigen. Spüle sie vor dem Verzehr noch mal mit frischem Wasser durch.

UNSER ERNÄHRUNGS-PRINZIP

Die Cell Garden-Ernährung ist keine neue Diät, sie ist vielmehr ein Lebensstil, bei dem einfache, wertvolle, frische, und vitalstoffreiche Lebensmittel über neue Essgewohnheiten in den Speiseplan aufgenommen werden. Egal, ob du abnehmen, Muskeln aufbauen oder einfach nur etwas für deine Gesundheit tun möchtest - Cell Garden möchte dir mit diesem Buch eine Alternative bieten, die auf höchstem Genuss ohne Verzicht basiert.

Unser Prinzip

Dank unterschiedlicher Gerichte trifft die Cell Garden-Ernährung jeden Geschmack. Sie ist eine erntefrische, vitalstoffreiche, pflanzliche Kost, die ohne Kalorien oder Punkte zählen funktioniert. Entscheidend ist eine hohe Nährstoffdichte und hohe Bioverfügbarkeit der Lebensmittel. Die Nährstoffdichte bei Lebensmitteln ist das Verhältnis von der Nährstoffmenge zur Kalorienanzahl. Je höher die Nährstoffdichte eines Lebensmittels, desto wertvoller ist es für den Körper. Lebensmittel mit hoher Nährstoffdichte bringen viele Vitamine, Mineralstoffe und essentielle Fettsäuren in vorteilhafter Menge mit sich.
Sobald man damit beginnt, seinem Körper ballaststoffreiche Lebensmittel mit hoher Nährstoffdichte zuzuführen, erhält er die Möglichkeit, sein Idealgewicht einzustellen und auf lange Sicht zu halten.

Was dein Körper daraus macht

Einfach gesagt ist der Körper gesättigt und gleichzeitig genährt. Die enthaltenen Ballaststoffe führen dazu, dass der Körper erst nach und nach an die gespeicherte Kohlenhydrate gelangt. Somit wird er über längere Zeit gleichmäßig mit Energie versorgt. Der Blutzuckerspiegel bleibt konstant im Normbereich, große Schwankungen werden vermieden, was wiederum Heißhungerattacken verhindert. Zudem erhält der Körper viele Vitamine, Mineralstoffe und Spurenelemente, die er für den Stoffwechsel und die Regeneration beziehungsweise Reparatur von Zellen benötigt. Würde er diese Mikronährstoffe nicht bekommen, dann hätte man nach kürzester Zeit wieder ein Hungergefühl, weil der Körper diese Nährstoffe fordert.

Die Lebensmittel in unserer vollwertigen pflanzlichen Ernährung können leichter verdaut und verwertet werden. Nach einer Mahlzeit aus unserem Superfood-Kochbuch bleiben Müdigkeitserscheinungen aus, da für den Verdauungsvorgang weniger Energie aufgewendet werden muss. Dadurch steht dem Körper mehr Energie für konzentriertes Arbeiten, Sport, Stärkung des Immunsystems und Zellerneuerung zur Verfügung. Zugleich benötigt der Körper durch die nährstoffreiche Vollwertnahrung weniger Kalorien.

Welche Lebensmittel haben eine hohe Nährstoffdichte?

Die Cell Garden-Ernährung setzt auf Lebensmittel wie frische grüne Blattsalate, Gemüse, Obst, Sprossen, Vollkorn- und Pseudogetreide, Hülsenfrüchte, Nüsse, Kerne, Samen und Algen. Sie sind die tragenden Säulen eines abwechslungsreichen Speiseplans.

Deshalb orientiert sich die Cell Garden-Ernährung an folgenden „grünen Regeln":

DIE „GRÜNEN REGELN"

Natürliche pflanzliche Lebensmittel
Biologisch und ethisch einwandfreie Nahrungsmittel

Nahrungsmittel mit hoher Nährstoffdichte
Maximale Nährstoffe bei minimalem Volumen

Biologisch einfach verfügbare Nährstoffe
Werden direkt vom Körper aufgenommen

Hoher Anteil an Rohkost
Wenig verarbeitet, nicht erhitzt, voller Vitamingehalt

Hauptsächlich basenbildende Lebensmittel
Bilden wenig Säuren und steigern das Wohlbefinden

Wer besser isst, lebt gesünder, fühlt sich fitter und hält leichter sein Idealgewicht. Unser Ziel ist es, die Basis für deinen nachhaltigen Erfolg zu schaffen.

DIE CELL GARDEN-ERNÄHRUNG – ALLES IN EINER ZELLE

Das Wichtigste auf einen Blick – mit der Cell Garden-Ernährungszelle.

Die Ernährungszelle dient dir als allgemeine Anleitung für deine täglichen Mahlzeiten. Sie zeigt dir das Verhältnis der jeweiligen Lebensmittelgruppen bei einer vollwertigen, nährstoffreichen Ernährung. Alle sechs Lebensmittelgruppen sind gleichermaßen wertvoll für einen leistungsstarken Körper. Du musst dich nicht jeden Tag exakt an die Cell Garden-Ernährungszelle halten, um die Vorteile zu erleben. Nicht jede Mahlzeit kann aus allen angegebenen Lebensmittelgruppen bestehen. Versuche auf lange Sicht, das Verhältnis zwischen den verschiedenen Gruppen einzuhalten. Ziel ist es, dass das Verhältnis aller aufgenommenen notwendigen Nährstoffe am Ende der Woche im Gleichgewicht ist.

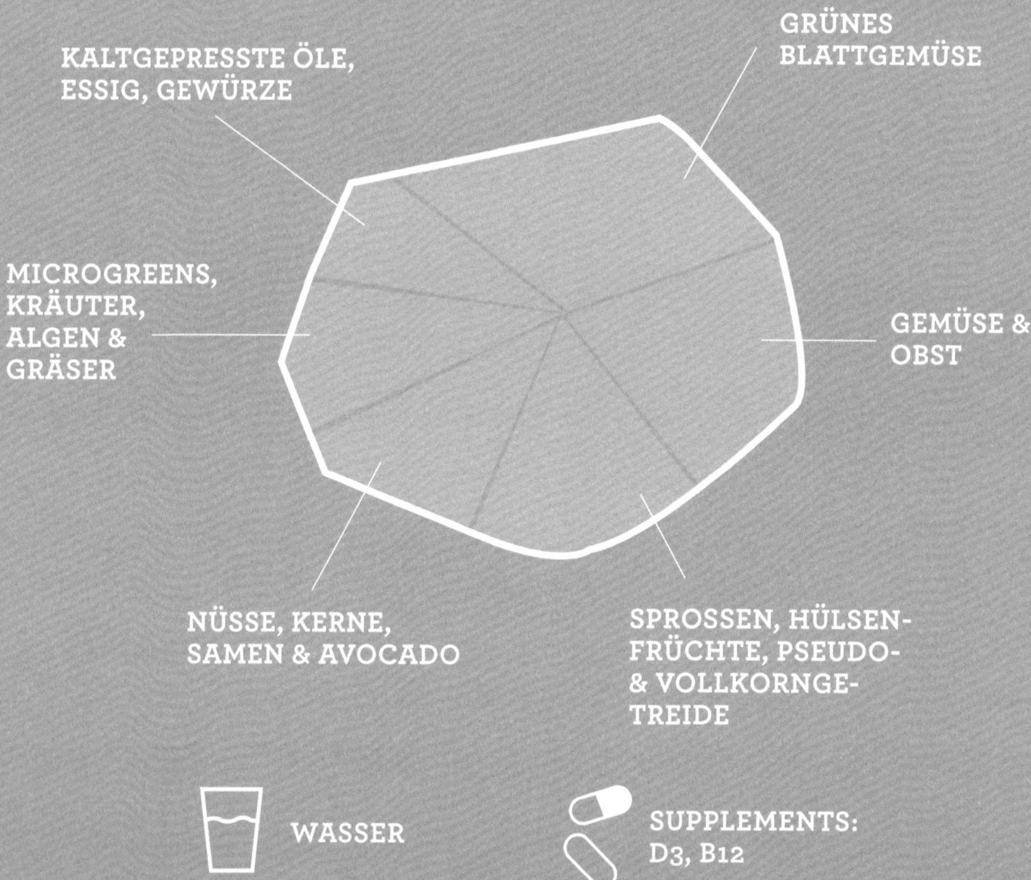

Tagesrichtlinie

35 % GRÜNES BLATTGEMÜSE

Grüne Blätter sind reich an dem sekundären Pflanzenstoff Chlorophyll. Sekundäre Pflanzenstoffe haben Einfluss auf eine Vielzahl von Stoffwechselprozessen im Körper. Es werden ihnen unter anderem neurologische, entzündungshemmende und antibakterielle Wirkungen zugeschrieben. Dazu kommen viele Ballaststoffe, Mineralstoffe und Spurenelemente. Außerdem enthalten dunkelgrüne Blätter Kohlenhydrate und eine nennenswerte Menge an Proteinen. Roh verzehrte chlorophyllhaltige Pflanzen liefern Enzyme, die die Regeneration der Zellen fördern.

- Romana-Salat
- Rucola
- Feldsalat
- Spinat (Babyspinat)
- Lollo Rosso
- Chicoree
- Friséesalat (Endivie)
- Eichblattsalat
- Kopfsalat
- Mangold
- Löwenzahnblätter
- Grünkohl
- Schwarzkohl
- Wirsing
- Spitzkohl
- Radicchio
- Pak Choi

30 % GEMÜSE & OBST

Gemüse versorgt den Körper mit ballaststoffreichen Kohlenhydraten, Vitaminen, Mineralstoffen und sekundären Pflanzenstoffen.

Gemüse

- Staudensellerie
- Knollensellerie
- Rettich
- Karotte
- Zucchini
- Aubergine
- Tomate
- Gurke
- Rote Bete
- Paprikaschote
- Rote Zwiebel
- Knoblauch
- Lauch (Porree)
- Grüne Bohnen
- Grüne Erbsen
- Brokkoli
- Blumenkohl
- Kartoffel
- Kürbis
- Pastinake
- Süßkartoffel

Obst ist reich an einfach verfügbaren Kohlenhydraten in Form von Einfachzucker, der mit schneller Energie versorgt. Zudem enthält Obst viele Antioxidantien, die das Immunsystem stärken und die Zellreparatur ermöglichen.

Obst

- Ananas
- Apfel
- Aprikose
- Banane
- Birne
- Blaubeere
- Erdbeere
- Himbeere
- Johannisbeere
- Dattel
- Feige
- Granatapfel
- Grapefruit
- Kirsche
- Kiwi
- Mango
- Melone
- Nektarine
- Orange
- Papaya
- Pfirsich
- Pflaume
- Rosine
- Traube
- Zwetschge

20 % SPROSSEN, HÜLSENFRÜCHTE, PSEUDO- UND VOLLKORNGETREIDE

Sprossen, Hülsenfrüchte, Pseudo- und Vollkorngetreide versorgen den Körper mit wertvollen Kohlenhydraten, Proteinen, Mineralstoffen und Spurenelementen. Sprossen verfügen über alle essentiellen Aminosäuren, die vom Körper leicht und schnell aufgenommen werden können.

Hülsenfrüchte

- Adzukibohnen
- Mungbohnen
- Weiße Bohnen
- Kidneybohnen
- Schwarze Bohnen
- Kichererbsen
- Grüne Erbsen
- Braune Linsen
- Grüne Linsen
- Rote Linsen

Pseudogetreide

- Amaranth
- Buchweizen
- Quinoa
- Wildreis

Vollkorngetreide

- Basmatireis
- Dinkel
- Einkorn
- Emmer
- Hafer
- Hirse
- Kamut
- Nacktgerste
- Roggen
- Rundkornreis

7 % NÜSSE, KERNE, SAMEN UND AVOCADOS

Die vierte Gruppe bilden Nüsse, Kerne, Samen und Avocados. Neben essentiellen Fettsäuren liefern sie Vitamin E, wichtige Mineralstoffe und Spurenelemente. Diese Lebensmittel werden eingeweicht oder als Keimlinge gegessen.

Nüsse

- Mandeln
- Walnüsse
- Paranüsse
- Cashew
- Haselnüsse
- Pekannüsse
- Pistazien

- Kokosnuss

Kerne

- Sonnenblumenkerne
- Kürbiskerne
- Pinienkerne

Samen

- Sesamsamen
- Leinsamen
- Hanfsamen
- Chiasamen

- Avocado

5 % MICROGREENS, KRÄUTER, ALGEN UND GRÄSER

Die fünfte Gruppe bilden Microgreens, Kräuter, Algen und Gräser. Diese Lebensmittelgruppe hat eine gesundheitsfördernde Wirkung, die bereits durch geringe Mengen eintritt. Sie enthalten viele Vitamine, Mineralstoffe, Antioxidantien, sekundäre Pflanzenstoffe und Chlorophyll. Damit sind sie leicht verdaulich, wirken regulierend auf den pH-Wert, sind entzündungshemmend, stärken das Immunsystem und fördern die Zellerneuerung. Zu dieser Gruppe gehören:

Microgreens

- Alfalfa
- Brokkoli
- Rotklee
- Radieschen
- Senf
- Rucola
- Gartenkresse

Kräuter

- Petersilie
- Dill
- Koriander
- Basilikum
- Schnittlauch
- Minze
- Rosmarin
- Majoran
- Oregano
- Thymian
- Kümmel

Algen

- Spirulina
- Chlorella
- Nori

Gräser

- Weizengras
- Gerstengras

jeweils als Saft oder Pulver

3 % KALTGEPRESSTE ÖLE, ESSIG UND GEWÜRZE

Kaltgepresste Öle liefern hochwertiges Fett. Lein- und Hanföl sind reich an essentiellen Omega-3-Fettsäuren, die entzündungshemmende Eigenschaften haben. Gewürze verleihen Speisen einen angenehmen Geschmack. Sie enthalten auch gesundheitsfördernde Pflanzenstoffe.

Öle

- Kokosöl
- Leinöl
- Hanföl
- Olivenöl

Essig

- Apfelessig
- Balsamico
- Apfel-Balsamico

Gewürze

- Steinsalz (Himalayasalz)
- Schwarzer Pfeffer
- Paprikapulver
- Kurkumapulver
- Korianderpulver
- Currypulver
- Kreuzkümmelpulver
- Chilipulver
- Frischer Ingwer
- Hefeflocken oder Nährhefe
- Zimtpulver

1,5–2 l WASSER

Die ausreichende Flüssigkeitszufuhr ist für deinen Körper äußerst wichtig. Mit welchen Flüssigkeiten du deinen Körper versorgst, spielt ebenso eine wichtige Rolle. Koffeinhaltige und alkoholische Getränke wirken entwässernd und dehydrieren deinen Körper. Wenn du dir hin und wieder ein Glas Wein gönnst oder auf deinen Kaffee am Morgen nicht verzichten willst, trinke nach dem Konsum dieser Getränke zusätzlich Wasser. So kannst du deinen Wasserhaushalt wieder ausgleichen. Empfehlenswert sind folgende Getränke:

- Stilles Wasser
- Kräutertees
- Grüne Smoothies

SUPPLEMENTS

Der beste Weg, seinen Körper mit Vitaminen und Mineralstoffen zu versorgen, führt über eine vollwertig nährstoffreiche Ernährung. Für die Vitamin-D-Eigensynthese ist es empfehlenswert, sich mindestens 15 Minuten täglich im Sonnenlicht aufzuhalten. In den Wintermonaten zwischen Oktober und März kann die Einnahme von Vitamin-D-Supplementen ratsam sein.

Vitamin B12 ist wichtig für die Zellteilung, Blutbildung sowie die Funktion des Nervensystems im Körper. Die weitverbreitete Meinung in der Ernährungswissenschaft ist, dass für den Menschen verwertbares Vitamin B12 überwiegend in tierischen Nahrungsmitteln vorkommt. Theoretisch nehmen Tiere über die natürliche Nahrungskette Bakterien auf, womit sie das Vitamin B12 produzieren. Doch aufgrund der Bedingungen in der Massentierhaltung erhalten die Tiere in vielen Fällen das Vitamin B12 supplementiert. In pflanzlichen Lebensmitteln kommt Vitamin B12 bis auf wenige Ausnahmen kaum vor. Bioaktives Vitamin B12 soll in den Algen Chlorella und Nori vorhanden sein. In der Wissenschaft besteht hierzu noch Unsicherheit. Daher sollte die ausreichende Versorgung mit Vitamin B12 über Nahrungsergänzungsmittel sichergestellt werden.

DEINE 10 BASICS – TIPPS FÜR EINE AUSGEWOGENE ERNÄHRUNG

Eine vollwertige Ernährung und körperliche Aktivität – seien es nur 30 Minuten pro Tag – halten gesund, fördern die Leistung und das Wohlbefinden. Um das schrittweise in deinen Alltag zu integrieren, haben wir dir zehn Basistipps zusammengestellt. Schaffst du es, einige oder sogar alle jeden Tag umzusetzen, kannst du schon richtig stolz auf dich sein.

DIE VIELFALT DER NATUR NUTZEN

1

Genieße die Lebensmittelvielfalt einer nährstoffreichen pflanzlichen Ernährung.
Zu deiner bunten Auswahl zählen nicht nur reichlich Gemüse und Obst, sondern auch Hülsenfrüchte, (unbehandelte) Nüsse, Vollkornprodukte und Sprossen. Je ausgewogener du isst, desto geringer ist das Risiko einer einseitigen Ernährung. Reduziere gleichzeitig den Verzehr von tierischen Produkten auf ein Minimum.

ROHKOST – 2 MAHLZEITEN

2

Rohkost bedeutet konkret, dass die Zutaten nicht über 42 °C erhitzt werden. Wir empfehlen dir, Rohkost zu einem Teil deines täglichen Ernährungsplans zu machen. Bei der Zubereitung bleiben hitzeempfindliche Vitalstoffe erhalten. Hinzu kommt die Versorgung mit natürlichen Enzymen, die es dir erleichtern, deine Mahlzeit zu verdauen. Sprossen eigenen sich hervorragend als Rohkostlebensmittel, denn sie weisen eine relativ geringe Energiedichte (Kalorien) und einen hohen Nährstoffgehalt auf.

BALLASTSTOFFREICH ESSEN

3

Ballaststoffe sind unverdauliche Bestandteile pflanzlicher Nahrungsmittel. Du findest sie reichlich in Vollkorn- und Pseudogetreide, grünem Blattgemüse, Hülsenfrüchten, Obst und Nüssen. Der Verzehr von Ballaststoffen hält dich länger satt, gleichzeitig nimmst du nur wenige Kalorien zu dir. Eine ballaststoffreiche Ernährung führt zu einer normalen Darmtätigkeit.

BLATTGEMÜSE IN HÜLLE UND FÜLLE

4

Integriere täglich einen großen grünen Salat in deinen Speiseplan. Grüne Blätter sind chlorophyll-, mineralstoff- und ballaststoffreich. Sie unterstützen den Körper bei seiner täglichen Reinigung. Die enthaltenen Mineralstoffe sind für einen reibungslosen Ablauf deines Stoffwechsels unentbehrlich.

GEKEIMTES VOLLKORNGETREIDE WÄHLEN

5

Damit dein Körper viel von Getreideprodukten hat, solltest du zur gekeimten Vollkorn-Variante greifen. Denn diese Lebensmittel sättigen länger, enthalten mehr Nährstoffe und sind schonender für das Verdauungssystem als ungekeimte Vollkorn- oder Weißmehlprodukte.

6

HOCHVERARBEITETE LEBENSMITTEL MEIDEN

Hochverarbeitete Lebensmittel enthalten oft versteckte Zusatzstoffe, die in mehreren Verarbeitungsschritten hinzugefügt werden. Dazu gehören Softdrinks, Süßigkeiten, Fleischprodukte, Backwaren, Eiscreme oder Fertiggerichte von Tiefkühlpizza bis Tütensuppe. Sie entsprechen nicht mehr ihrem natürlichen Urzustand und enthalten dadurch kaum Ballast- und Nährstoffe.

7

SALZ UND ZUCKER RAFFINIERT MEIDEN

Bei der Herstellung von Zucker und Salz werden chemische Stoffe zur Reinigung und zur Rieselfähigkeit hinzugefügt. Als Alternative kannst du deine Speisen in Maßen mit Trockenfrüchten wie Datteln, Feigen und Rosinen süßen. Zu viel Salz kann den Blutdruck erhöhen, verwende daher ursprünglich belassenes Steinsalz, Ursalz oder Himalayasalz in kleinen Mengen.

8

WASSER UND KRÄUTERTEE TRINKEN

Wasser ist für deinen Körper überlebenswichtig. Deinen ungefähren Wasserbedarf kannst du ermitteln, indem du dein Körpergewicht in Kilogramm mal 0,03 Liter nimmst. Achte auf eine ausreichende Versorgung durch stilles Wasser und ungesüßte Kräutertees. Damit unterstützt du wichtige Körperfunktionen wie den Transport von Nährstoffen und deinen Stoffwechselprozess.

9

SCHONEND ZUBEREITEN

Zu den schonendsten Zubereitungsmethoden gehört das Dünsten, also das Garen im eigenen Saft oder mit ganz wenig Wasser oder Brühe. Dünste dein Gemüse bei niedriger Temperatur, bis es bissfest ist. Diese Zubereitung erhält den natürlichen Geschmack und schont die Nährstoffe.

10

GUT GEKAUT IST HALB VERDAUT

Gönn dir eine Pause für deine Mahlzeiten, um sie bewusst zu genießen. Die Verdauung beginnt bereits in deinem Mund. Langsames, bewusstes Essen, bei dem jeder Biss voll ausgekostet und gekaut wird, fördert den Genuss und das Sättigungsgefühl.

EIN TAG MIT CELL GARDEN

So viel zur Theorie – jetzt geht es an die Umsetzung. Lass uns gemeinsam einen Tag mit unserer Ernährung durchspielen und du wirst sehen, dass es gar nicht so kompliziert ist.

Zu jeder Tageszeit hast du die Möglichkeit, zwischen verschiedenen Lebensmitteln, Gerichten und Snacks zu wählen. Mehr Details dazu findest du dann bei den Rezepten.

Sorgt für gute Laune am Morgen – wir starten mit ein bis zwei Gläsern Zitronenwasser in den Tag. Gib dafür einfach den Saft einer halben bis ganzen Zitrone auf ein großes Glas Wasser. Es belebt nicht nur mit reichlich Flüssigkeit und Vitamin C, als Morgenritual hilft es deinem Körper auch bei der Entgiftungsarbeit und regt den Stoffwechsel an.

Gib deinem Körper mindestens 30 Minuten Zeit nach dem Zitronenwasser, bevor du mit dem Frühstück weitermachst. Wir empfehlen dir dafür einen grünen Smoothie. Du kannst ihn schnell mixen und auf dem Weg zur Arbeit langsam genießen. Richtig, langsam! Denn in der Ruhe liegt bekanntlich die Kraft. Lass dir genügend Zeit beim Essen und gib sie auch deiner Verdauung, sie muss genau wie du erstmal aktiv werden. Wenn du etwas mehr Zeit hast, dann bereite dir ein Müsli oder Porridge aus gekeimtem Buchweizen oder Nackthafer mit frischem Obst zu.

Hunger zwischen Frühstück und Mittagessen? Das kennen wir nur zu gut. Schnelle Helfer sind frisches Obst oder Trockenfrüchte wie Feigen und Datteln.

Eine halbe Stunde vor dem Mittagessen gibt es wieder einen kleinen Vorbereitungs-Drink. Wir empfehlen dir ein Glas Wasser mit einem Teelöffel Chlorella. Chlorella gibt deinem Körper ein Extra an Chlorophyll sowie Vitamin B12.

Mittagszeit – es geht in die nächste Runde mit einem großen grünen Salat mit vielen Sprossen. Ein schnelles Apfelessig-Leinöl-Dressing gibt deinem Mittagessen den gewissen Kick beim Geschmack und bei den Nährstoffen. Wenn du es am Mittag etwas herzhafter magst, dann wähle einen unserer Salate aus Mungbohnen-, Linsen-, oder Buchweizensprossen aus. Danach bist du wirklich satt, aber ohne das Mittagstief, wie du es von einer zu schweren Mahlzeit kennst.

Bisher waren alle deine Mahlzeit frisch und roh – und das ist auch gut so. Dadurch hast du deinen Körper mit sehr vielen Nährstoffen und Enzymen versorgt. So hast du genug Superpower, um auch den stressigsten Arbeitstag zu meistern.
Sollte sich am Nachmittag der kleine Hunger melden, dann nimm dir einfach eine gute Handvoll eingeweichter Nüsse und Kerne. Ein super Snack für zwischendurch, der nicht nur schmeckt, sondern von Kopf bis Fuß gut tut.

Am Abend ist es dann Zeit für eine warme Mahlzeit. Unsere Rezepte bieten dir reichlich Auswahl zum Austoben. Am schnellsten zubereitet sind Gemüsepfannen mit gekeimten Pseudogetreide und Hülsenfrüchten. Mit etwas mehr Zeit kannst du auch einen Eintopf oder eine Suppe mit eingeweichten Hülsenfrüchten zubereiten. Gönn dir vor dem Essen noch etwas frisches Gemüse, dann ist deine Verdauung optimal für die kommende Mahlzeit vorbereitet.

Dein bester Freund, die Wasserflasche? Richtig so, versuche, so viel wie möglich zu trinken! Ideal sind stilles Wasser und Kräutertees.

LECKER HOCH 3 – EIN TAG MIT DEINER NEUEN ERNÄHRUNG:

	FRÜHSTÜCK	1. SNACK	MITTAGS	2. SNACK	ABENDS
VARIANTE 1	Smoothie	Obst	Grüner Salat mit Sprossen	Nüsse	Eintopf mit Hülsenfrüchten
VARIANTE 2	Müsli	Obst	Grüner Salat mit Nüssen und Kernen	Nüsse	Gemüsepfanne mit gekeimtem Pseudogetreide
VARIANTE 3	Frühstücksbrei	Obst	Salat aus Sprossen	Nüsse	Pizza / Burger/ Wraps aus Sprossen

« Gestalte deinen Tag so wie wir und du beginnst, dieses neue Körpergefühl zu lieben. »

ÜBER DIE REZEPTE

Das Sprossen ziehen hast du jetzt gelernt, aber sie wollen auch verarbeitet werden. Mit deinem Wissen kannst du dich jetzt voller Vorfreude auf die folgenden 82 Rezepte stürzen. Ab jetzt heißt es – ausprobieren, kosten, nachkochen und das neue Lebensgefühl genießen.

Um dein ganz persönliches Ziel schneller zu erreichen, weisen dir Icons bei jedem Rezept den Weg. So siehst du auf einen Blick, welches Gericht dich bei diesem Ziel besonders unterstützt. Egal, ob du abnehmen oder Muskeln aufbauen willst, diese Piktogramme helfen dir:

Immunstärkung

Herz & Kreislauf

Energie

Muskeln

Knochen

Haut, Haare, Nägel

Frisch & schön

Detox

Kalorienarm

Wässern In einer Schale mit Wasser für die angegebenen Stunden einweichen. Anschließend das Einweichwasser abgießen.

Keimzeit Samen für angegebene Zeit keimen lassen und jeweils morgens und abends mit Wasser durchspülen.

82 kcal Kilokalorien (kcal) pro Portion

Die individuellen Keimzeiten und die beste Keimmethode für deine Superfoods findest du zusammengefasst in deinem Superfood-Guide.

Auf den ersten Seiten erwarten dich wichtige Basic-Rezepte, die du individuell in deinen Alltag einbinden kannst. Außerdem wirst du sie bei anderen Gerichten wieder nachschlagen oder vielleicht schon bald auswendig nachkochen können.
Die restlichen Rezepte folgen dann ganz einfach deinem Tagesablauf. Du findest jeweils eine Sammlung an Leckerbissen für Frühstück, Mittag- und Abendessen. Wenn du dir anfangs mit der Zusammenstellung noch etwas unsicher bist, kannst du dich an unseren 4-Wochen-Ernährungsplan halten, den du am Ende dieses Buchs findest. Nach kurzer Zeit wird dir das Zusammenstellen der Gerichte leichtfallen und du wirst spüren, was dir gut tut.

Für die Zubereitung von leckeren Smoothies, Smoothie-Bowls, Dressings etc. verwendest du am besten einen leistungsstarken Standmixer ab 1000 W Leistung (idealerweise mit einem Stopfer). Zu Beginn ist auch ein leistungsstarker Stabmixer okay. Solltest du nur einen Stabmixer oder einen einfachen Standmixer ohne Stopfer besitzen, dann ist eine Küchenmaschine (Food Processor) bzw. ein Zerkleinerer mit einem Fassungsvermögen von min. 1 l sehr hilfreich und empfehlenswert. Damit wird die Zubereitung von Pizzaböden, Broten, Burger-Patties, Falafeln oder Aufstrichen ein Kinderspiel.

Um gleich loslegen zu können, brauchst du nur wenige Basics. In erster Linie natürlich Sprossengläser und Keimsaaten. Die meisten Rezepte aus diesem Buch kannst du mit den folgenden sechs Bio-Keimsaaten zubereiten: Mungbohnen, Linsen, Kichererbsen, Buchweizen, Alfalfa und Radieschen. Keimgläser und gelingsichere Bio-Keimsaaten findest du in unserem Onlineshop. Eine Einkaufsliste mit den am meisten verwendeten Lebensmitteln, die in deine gesunde Speisekammer gehören, haben wir auf Seite 260 zusammengefasst.

Wenn du Unterstützung beim Sprossen ziehen brauchst, kann dir unsere Cell Garden App helfen. Mit dem darin enthaltenen Sprossen-Organizer hast du all deine Sprossen im Blick. Gib in die App ein, welche Sprossen du ziehen willst, und du erhältst Erinnerungen, wann die Sprossen durchgespült werden sollten und wie lange sie noch keimen müssen, bevor du sie ernten kannst. Praktisch, oder? Und jetzt, ran an die Rezepte!

BA
SICS

NUSSMILCH

82 kcal

Portionen: 4 (je 250 ml)
Vorbereitung: 8 Stunden
Zubereitung: 5 Minuten

100 g rohe Mandeln 8h
1 l Wasser
1–2 Datteln 8h
(optional, für den Süßegrad)

Mandeln und Datteln (optional) in einer Schüssel mit Wasser über Nacht einweichen. Anschließend das Einweichwasser abgießen und die Mandeln gut durchspülen.

In einem Mixer die eingeweichten Mandeln und Datteln (optional) mit dem Wasser auf höchster Stufe etwa 2 Minuten pürieren, bis die Mischung glatt und milchig ist.

Mandelmischung durch einen Nussmilchbeutel (alternativ: feines Geschirrtuch oder Wäschebeutel) in eine Schüssel gießen.

Mandelreste im Tuch gut auswringen, um so viel Flüssigkeit wie möglich zu gewinnen. Mandelmilch in eine Glasflasche umfüllen und im Kühlschrank lagern.

Aufbewahrung: Die Mandelmilch (ohne Datteln) hält sich im Kühlschrank bis zu 5 Tage und bis zu 3 Tage mit Datteln.

Tipp: Für die Zubereitung dieses Rezepts kann außer Erdnüssen jede Art von Nüssen verwendet werden. Je länger die Einweichzeit, desto cremiger wird die Nussmilch (bis zu 12 Stunden sind empfehlenswert).

FEINE NUSS-SCHOKO-CREME

87 kcal

Portionen: 42 EL (je 15 g)
Vorbereitung: 12 Stunden
Zubereitung: 35 Minuten

400 g Haselnüsse 8h
5 EL Kokosöl
4 EL Kakao
1 TL gemahlene Vanille
1 TL Salz
6 EL Kokosblütensirup

Haselnüsse nach dem Einweichen auf einem Backblech mit Backpapier ausbreiten und 4 Stunden (am besten in der Sonne) trocknen lassen.

Backofen auf 150 °C Ober- und Unterhitze vorheizen. Getrocknete Haselnüsse etwa 10–12 Minuten im Backofen anrösten. Vorsicht, Nüsse können schnell anbrennen und schwarz werden!

Geröstete Haselnüsse abkühlen lassen, in einen Hochleistungsmixer geben und fein mahlen. Dabei auf kleinster Stufe beginnen und langsam die Geschwindigkeit erhöhen.

Haselnussmasse mit einem Spatel vom Gefäßrand lösen und auf mittlerer Stufe ca. 10–20 Minuten rühren, bis genug Öl aus den Nüssen austritt und eine cremige Masse entsteht.

Zwischendurch mehrmals stoppen und die Haselnussmasse mit einem Spatel vom Gefäßrand lösen.

Alle weiteren Zutaten hinzugeben und verrühren.

Nuss-Schoko-Creme in ein Schraubglas füllen und im Kühlschrank aufbewahren.

Tipp: Für die Zubereitung dieses Rezepts kann außer Erdnüssen jede Art von Nüssen verwendet werden.

BASILIKUM-SPINAT-PESTO

57 kcal

Portionen: 16 EL (je 15 g)
Vorbereitung: 6 Stunden
Zubereitung: 10 Minuten

40 g rohe Walnüsse 6h
40 g Basilikum
40 g junger Spinat
1 Knoblauchzehe
3 EL Hefeflocken
1 EL Zitronensaft
60 g Leinöl
1 TL Salz
1/4 TL Pfeffer

Frische Basilikumblätter zupfen, Spinat verlesen. Beides gründlich waschen, trockenschleudern und grob hacken. Knoblauch schälen, mit dem Klingenblatt eines geeigneten Messers zerdrücken und vierteln.

Basilikum, Spinat, Knoblauch, Walnüsse, Hefeflocken und Zitronensaft in einem Standmixer oder in einer Küchenmaschine bei mittlerer Stufe kurz mixen.

Bei laufendem Mixvorgang das Leinöl langsam hinzugeben, bis die gewünschte sämige Konsistenz entsteht. Zwischendurch die Masse mit einem Spatel vom Gefäßrand lösen. Mit Salz und Pfeffer abschmecken.

Aufbewahrung: Das Pesto hält sich bis zu einer Woche im Kühlschrank.

Tipp: Basilikum und Spinat können beliebig mit verschiedenen Kräutern, wie Bärlauch, Minze oder Rucola, ausgetauscht werden.

CASHEW-MAYONNAISE

59 kcal

Portionen: 33 EL (je 15 g)
Vorbereitung: 2 Stunden
Zubereitung: 10 Minuten

- 180 g Cashewnüsse 2h
- 1 Knoblauchzehe, optional
- 3 EL Zitronensaft
- 3 EL Wasser
- 1 EL Apfelessig
- 1/2 TL Ahornsirup oder Kokosblütensirup
- 100 ml Leinöl
- 1 TL Senf
- 1/4 TL Kurkuma
- 1/4 TL Salz

Alle Zutaten bis auf das Leinöl und das Salz in einen Standmixer geben und pürieren, bis eine homogene Masse entsteht. Gegebenenfalls die Masse mit einem Spatel vom Gefäßrand lösen.

Das Leinöl bei laufendem Mixvorgang langsam hinzugeben, bis eine glatte und cremige Konsistenz entsteht. Mit Salz abschmecken und sofort servieren oder zum Festwerden in den Kühlschrank stellen.

Aufbewahrung: In einem Schraubglas hält die Mayonnaise bis zu einer Woche im Kühlschrank.

Tipp: Dill ist reich an ätherischen Ölen und eignet sich geschmacklich hervorragend zum Verfeinern von Dressings und Dips. Einfach Dillspitzen fein gehackt in die Mayonnaise geben für eine süßlich-pikante Würze.

KETCHUP

19 kcal

Portionen: 26 (je 15 g)
Vorbereitung: 15 Minuten
Zubereitung: 10 Minuten

- 4 Datteln 15min
- 40 g getr. Tomaten 15min
- 2 Tomaten
- 1/4 Zwiebel
- 35 ml Leinöl
- 1 EL Apfelessig
- 1 TL Oregano
- 1 Prise Salz

Zwiebel schälen und grob hacken. Datteln entkernen und ebenfalls grob hacken. Tomaten waschen und vierteln.

Alle Zutaten in einen Standmixer geben und glatt pürieren.

Aufbewahrung: In einem Schraubglas hält der Ketchup bis zu vier Wochen im Kühlschrank.

Tipp: Der Ketchup ist nährstoffreich und schmeckt angenehm würzig. Dadurch eignet er sich hervorragend als Pizzasoße, die zu jeder Art von Pizzaboden gut schmeckt.

SCHMELZKÄSE

25 kcal

Alle Zutaten in einen Standmixer geben und pürieren, bis eine glatte und cremige Soße entsteht. Gegebenenfalls die Soße mit einem Spatel vom Gefäßrand lösen.

Die Soße in einen Topf geben. Bei mittlerer Hitze unter ständigem Rühren kochen, bis der Schmelzkäse zähflüssig wird und eindickt.

Als Pizza-Käse, Dip zu Crackern, Sprossenbrot oder rohem Gemüse servieren.

Aufbewahrung: In einem geschlossenen Behälter kann der Schmelzkäse etwa zwei Tage im Kühlschrank aufbewahrt werden.

Portionen: 12 EL (je 15 g)
Vorbereitung: 2 Stunden
Zubereitung: 6 Minuten

30 g Cashewkerne 2h
3 EL Hefeflocken
1/2 TL Paprikapulver
1 TL Zitronensaft
1 TL Olivenöl
1/4–1/2 TL Salz

PARMESAN

71 kcal

Portionen: 12 EL (je 15 g)
Zubereitung: 5 Minuten

120 g Cashewkerne
50 g Hefeflocken
1 TL Salz
1 TL Knoblauch- oder Zwiebelpulver

Alle Zutaten in eine Küchenmaschine geben und etwa 20 Sekunden mahlen, bis eine gleichmäßige, feine Masse entsteht.

Direkt über Pasta oder Salat streuen oder in ein Schraubglas umfüllen. Der vegane Parmesan hält sich luftdicht verschlossen bis zu vier Wochen im Kühlschrank.

Tipp: Der Parmesan passt hervorragend als Topping auf unsere leckeren Pasta-Gerichte, Salate und Bowls.

CURRY-DRESSING

133 kcal

Portionen: 2
Zubereitung: 5 Minuten

100 ml Kokosmilch
2 Tomaten, püriert
2 TL Currypulver
1 TL Korianderpulver
1/4 TL Kurkumapulver
1/2 TL Chilipulver
1/2 TL Salz
1 Prise Pfeffer

Alle Zutaten in einen Standmixer geben und glatt pürieren, bis eine homogene Masse entsteht.

Mit Salz, Pfeffer und Currypulver abschmecken.

Entweder gleich servieren oder in ein Schraubglas füllen und kaltstellen. Das Dressing hält im Kühlschrank bis zu zwei Tage.

Tipp: Das Curry-Dressing passt vor allem zu Salaten und ist damit perfekt für die Rohkostküche. Auch zu herzhaften Gerichten mit Buchweizensprossen und Kichererbsensprossen schmeckt das Dressing richtig lecker. Probier's selbst mit dem knackigen Salat mit Nüssen und Samen (S. 119) und dem Buchweizensprossen-Salat.

FRÜHLINGS-DRESSING

187 kcal

Portionen: 2
Vorbereitung: 6 Stunden
Zubereitung: 5 Minuten

2 EL Sesamsamen 6h
2 TL Leinöl
2 Datteln, entkernt
50 ml Zitronensaft
200 ml Wasser
6 EL Kräuter (Dill, Schnittlauch oder Bärlauch)
4 EL Hefeflocken
1/4 TL Salz
1 Prise Pfeffer

Sesam in einer Schüssel mit Wasser 6 Stunden einweichen. Anschließend das Einweichwasser abgießen und die Sesamsamen gut durchspülen.

Alle Zutaten inklusive der Sesamsamen in einen Standmixer geben und bei mittlerer Stufe mixen, bis die gewünschte Konsistenz entsteht.

Entweder gleich servieren oder in ein Schraubglas füllen und kaltstellen. Das Dressing hält im Kühlschrank mehrere Tage.

Tipp: Das Dressing rundet jeden Salat ab und passt wunderbar als Dip oder zu den Ofenkartoffeln mit Salat (S. 155).

TAHIN-DRESSING

144 kcal

Tahin, Leinöl, Apfelessig und optional Balsamico-Essig in ein Glas geben und verquirlen. Wasser dazugeben und verrühren, bis das Dressing eine dünnflüssige Konsistenz erhält.

Mit Salz und Pfeffer abschmecken.

Entweder gleich servieren oder in ein Schraubglas füllen und kaltstellen. Das Dressing hält im Kühlschrank bis zu zwei Tage.

Tipp: Das herzhaft-nussige Dressing macht jeden einfachen Salat zu etwas Besonderem.

Portionen: 2
Zubereitung: 5 Minuten

1 EL Tahin (Sesammus)
2 TL Leinöl
3–4 EL Apfelessig
50 ml Wasser
1 EL Aceto Balsamico (optional)
Salz
Pfeffer

ERDNUSS-DIP

125 kcal

Portionen: 2
Zubereitung: 5 Minuten

2 EL Erdnussmus
2 Knoblauchzehen
1 EL Sojasoße
Salz
Pfeffer
Paprikapulver, edelsüß

Erdnussmus und Sojasoße in ein Glas geben und verquirlen, bis ein glattes Dressing entsteht.

Knoblauchzehen abziehen, durch eine Knoblauchpresse drücken und alles gut vermischen. Sollte die Konsistenz zu dickflüssig sein, einfach etwas Wasser hinzufügen.

Mit Paprikapulver, Salz und Pfeffer abschmecken.

Entweder gleich servieren oder in ein Schraubglas füllen und kaltstellen. Der Dip hält im Kühlschrank bis zu zwei Tage.

Tipp: Der Erdnuss-Dip passt zu verschiedenen Salaten, zu unserer Erdnuss-Reis-Pfanne und als Dip für Sprossen-Sommerrollen.

FRISCHKÄSE

34 kcal

Portionen: 42 EL (je 15 g)
Vorbereitung: 2 Stunden
Zubereitung: 15 Minuten

250 g Cashewkerne 2h
9 EL Zitronensaft
1 Bund Schnittlauch
1 Bund Dill
1 Bund Petersilie
1/4 TL Salz
1 Prise Pfeffer
1/2 TL Schabzigerkleepulver, optional

Schnittlauch, Dill und Petersilie waschen, trockenschütteln und fein hacken.

Cashewkerne, Zitronensaft, optional Schabzigerkleepulver und Wasser in einem Standmixer glatt pürieren.

Die feine Creme in eine Glasschüssel geben und Kräuter unterheben.

Mit Salz und Pfeffer abschmecken - fertig!

Aufbewahrung: Der Frischkäse hält sich zwei Tage im Kühlschrank.

HUMMUS

28 kcal

Portionen: 43 EL (je 15 g)
Vorbereitung: 3 Tage
Zubereitung: 15 Minuten

125 g Kichererbsen 8h 3T
1 Knoblauchzehe
5 EL Zitronensaft
3 EL dunkles Tahin (Sesammus)
50 ml Olivenöl
1/2 TL Kreuzkümmel
1/2 TL Salz
1 Prise Pfeffer

Topping:
1/2 TL Paprikapulver
2 EL Petersilie

Kichererbsensprossen in einem Kochtopf mit Wasser bedecken und zum Kochen bringen. Hitze reduzieren und bei mittlerer Stufe 30 Minuten kochen lassen. Anschließend die Kichererbsensprossen in einem Sieb abgießen und mit klarem Wasser abspülen.

Kichererbsensprossen, Knoblauch, Olivenöl, Zitronensaft, Tahin, Kreuzkümmel, Salz, Pfeffer und Wasser in einem Standmixer glatt und cremig pürieren.

Petersilie waschen, trockenschütteln, Blätter abzupfen und fein hacken. Die Petersilie kurz vor dem Servieren unter den Hummus heben. Hummus mit Paprikapulver garnieren.

Aufbewahrung: In einem Schraubglas hält der Hummus bis zu zwei Tage im Kühlschrank.

WALNUSS-PÂTÉ AUF FLADENBROT

264 kcal

Eingeweichte Walnüsse und Sonnenblumenkerne in einem Hochleistungsmixer fein mahlen. Frühlingszwiebel, optional Paprikaschote sowie Staudensellerie waschen und in grobe Stücke schneiden. Gemüse in den Mixer geben und pürieren, bis eine homogene Masse entsteht.

Leinöl, Nama Shoyu, Salz und Pfeffer hinzugeben und pürieren, bis die Masse glatt und cremig ist. Gegebenenfalls die Masse mit einem Spatel vom Gefäßrand lösen.

Für das Rezept 30 g Radieschen-Microgreens gut waschen und trockenschütteln. Der Rest der Radieschen-Microgreens kann weiter keimen und für ein anderes Rezept verwendet werden.

Avocado halbieren, Stein entfernen und das Fruchtfleisch mit einem Esslöffel aus der Schale heben. Fruchtfleisch in Scheiben schneiden. Mungbohnensprossen waschen und trockenschütteln. Mandeln grob mit einem Messer hacken.

Fladenbrot mit Walnuss-Pâté bestreichen. Mit Avocadoscheiben und Mungbohnensprossen belegen und mit Kürbiskernen, Sonnenblumenkernen, Leinsamen, geschälten Hanfsamen, Radieschen-Microgreens und Mandelstücken toppen.

Tipp: Wer mag, erhält durch die rote Paprikaschote eine kräftige rote Farbe, die Paprikastückchen passen geschmacklich auch super dazu. Besonders gerne mögen wir die Kombi mit unserem Sprossenbrot oder zu Gemüse-Sticks.

Portionen: 10
Vorbereitung: 5 Tage
Zubereitung: 20 Minuten

Walnuss-Pâté

75 g Walnüsse 6h
50 g Sonnenblumenkerne 6h
1/2 Frühlingszwiebel
1/2 rote Paprikaschote (opt.)
35 g Staudensellerie
1 TL Leinöl
2 TL Nama Shoyu
1/4 TL Salz
1/4 TL Pfeffer

Topping

1 EL Radieschensamen 6h 5T
30 g Mungbohnen 8h 3T
1 Avocado
1 EL Mandeln, gehackt
1 EL geschälte Hanfsamen
1 EL Kürbiskerne
1 EL Sonnenblumenkerne
1 EL Leinsamen

Verwendete Rezepte:

10 Fladenbrote aus Sprossen, S. 69

KÜRBIS-HUMMUS

30 kcal

Portionen: 30 EL (je 15 g)
Vorbereitung: 8 Tage
Zubereitung: 45 Minuten

- 50 g Kichererbsen 8h 3T
- 75 g Hokkaido-Kürbis
- 20 g Sonnenblumenkerne
- 1 EL Sonnenblumenkerne mit Schale 8h 8T
- 1 Knoblauchzehe
- 4–5 EL Zitronensaft
- 2 Vollkornbrötchen nach Wahl
- 3 EL Tahin (Sesammus)
- 2 EL Leinöl, alternativ Olivenöl
- 150 ml Wasser
- 1/2 TL Kreuzkümmel
- 1/2 TL Salz
- 1 Prise Pfeffer

Kichererbsensprossen in einem Kochtopf mit Wasser bedecken und zum Kochen bringen. Hitze reduzieren und bei mittlerer Stufe 30 Minuten kochen lassen. Anschließend die Kichererbsensprossen in einem Sieb abgießen, mit kaltem Wasser abschrecken und trockenschütteln.

Hokkaido-Kürbis mit Schale in 2–3 cm dicke Spalten schneiden und auf einem Backblech verteilen. Im Backofen bei 200 °C Umluft ca. 20 Minuten backen, bis der Kürbis weich ist. Die Kürbisspalten zwischendurch wenden und nach dem Backen auskühlen lassen.

Kichererbsensprossen, gebackenen Kürbis, Knoblauch, Leinöl, Zitronensaft, Tahin, Kreuzkümmel, Salz und Pfeffer mit Wasser in einen Standmixer geben und glatt pürieren.

Brötchen in Hälften schneiden, Kürbis-Hummus auf den Brötchenhälften verteilen. Mit Sonnenblumenkernen und Sonnenblumen-Microgreens dekorieren und genießen.

Aufbewahrung: In einem luftdichten Glas verschlossen hält der Kürbis-Hummus bis zu zwei Tage im Kühlschrank.

Tipp: Unser Kürbis-Hummus passt auch super zum selbstgemachten Fladenbrot. Das Rezept findest du auf Seite 69.

CHIA-SUPERFOOD-BROT

117 kcal

Portionen: 25 Sch. (je 55 g)
Vorbereitung: 2 Tage
Zubereitung: 2 h

400 g Buchweizenkörner 💧0,5h 🌱2T
100 g Nackthaferkörner 💧1h 🌱2T
90 g Kürbiskerne 💧6h
90 g Sonnenblumenkerne 💧6h
3 TL gemahlene Chiasamen
6 TL gemahlene Flohsamenschalen
50 ml Mineralwasser
1 TL Kokosblütenzucker
5 EL Apfelessig
1 TL Natron
1 TL Salz

Buchweizen- und Nackthafersprossen in einer Küchenmaschine gut verarbeiten, bis eine homogene Masse entsteht.

Die Masse zusammen mit den restlichen Zutaten in einer Schüssel zu einem zähen Teig verrühren. Gegebenenfalls 1/2-1 TL mehr von den gemahlenen Flohsamenschalen hinzugeben, so wird der Teig fester.

Teig mit einem Geschirrtuch abdecken und für 30 Minuten ruhen lassen.

Den Backofen auf 150 °C Umluft vorheizen, Kastenform mit Backpapier auslegen und den Teig gleichmäßig darin verteilen.

Das Brot 90 Minuten im Ofen backen.

Das Brot aus dem Backofen nehmen, aus der Form heben und vorsichtig das Backpapier ablösen. Nun das Brot für weitere 20 Minuten auf einem Gitterrost ohne Kastenform zu Ende backen.

Aufbewahrung: Das Brot ist bis zu vier Tage im Kühlschrank haltbar.

Tipp: Ob der Teig innen durch ist, kannst du mit dem Einstechen eines Zahnstochers testen. Befinden sich beim Herausziehen noch Teigreste an dem Zahnstocher, sollte er noch etwas länger im Ofen bleiben.

FLADENBROT AUS SPROSSEN

131 kcal

Den Backofen auf 150 °C Ober- und Unterhitze vorheizen.

Gekeimten Nackthafer, Backpulver, Olivenöl, Apfelessig und Salz in einer Küchenmaschine verarbeiten, bis alle Körner zerkleinert sind.

Flohsamenschalen dazugeben und nochmals mixen. Die Teigmasse sollte luftig und nicht zu fein püriert sein.

Teigmasse auf einem Backblech zu zehn kleinen Fladen formen und mit Sesam bestreuen.

Das Backblech auf die mittlere Ebene des Ofens schieben und ca. 20 Minuten backen.

Aufbewahrung: Das Fladenbrot hält sich bis zu einer Woche im Kühlschrank.

Portionen: 10 Fladen
Vorbereitung: 3 Tage
Zubereitung: 30 Minuten

250 g Nackthaferkörner 1h 3T
15 g Sesamsamen
2 TL gemahlene Flohsamenschalen
1 TL Backpulver
1 EL Olivenöl
2 TL Apfelessig
1/2 TL Salz

SAUERTEIGBROT

73 kcal

Portionen: 25 Sch. (je 30 g)
Vorbereitung: 1 Tag
Zubereitung: 25 Minuten

250 g Buchweizenkörner 6h
250 g Nackthaferkörner 6h
150 ml Wasser
8 EL Brottrunk
1 TL Natron
1 TL Salz
5 Rosinen (optional)

Buchweizenkörner und Nackthaferkörner jeweils in einer Schüssel mit Wasser für 6 Stunden einweichen. Anschließend das Einweichwasser abgießen und die Buchweizen- und den Nackthaferkörner gut durchspülen und abtropfen lassen.

Buchweizen, Nackthafer, Brottrunk und optional Rosinen mit Wasser in einen Hochleistungsmixer geben und zu einem glatten Teig mixen.

Die Teigmasse in eine Schüssel geben, mit einem Geschirrtuch abdecken und für 12–24 Stunden an einem warmen Ort gehen lassen. In dieser Zeit sollten sich im Sauerteig Blasen bilden und der Teig sollte aufgehen.

Anschließend dem Teig Salz und Natron hinzufügen und alles gut miteinander vermengen.

Den Backofen auf 160 °C Ober- und Unterhitze vorheizen. Kastenform mit Backpapier auslegen, den Teig gleichmäßig darin verteilen und etwa 50–60 Minuten im Ofen backen.

Danach 15 Minuten abkühlen lassen und aus der Form heben. Vor dem Anschneiden komplett auskühlen lassen.

FRÜH
STÜCK

Ball

GRÜNER BANANE-APFEL-SMOOTHIE

269 kcal

Für das Rezept 50 g Rotkleesprossen gut waschen und trockenschütteln. Der Rest der Rotkleesprossen kann weiter keimen und für ein anderes Rezept verwendet werden.

Spinat verlesen, gründlich waschen und trockenschleudern. Banane und Apfel in grobe Stücke schneiden.

Alle Zutaten in einen Standmixer geben und glatt pürieren.

Den Smoothie in ein Glas füllen und mit ein paar Rotkleesprossen dekorieren.

Tipp: Das perfekte Rezept für alle, die sich bisher nicht an grüne Smoothies herangewagt haben. Die zarten Spinatblätter und Rotkleesprossen haben einen milden Geschmack, zudem ist der Fruchtanteil relativ hoch. Grünkohl oder Mangold beispielsweise haben einen stärkeren Eigengeschmack, der für manche ungewohnt ist.

Portionen: 1
Vorbereitung: 5 Tage
Zubereitung: 10 Minuten

1 TL Rotkleesamen 8h 5T
1 Dattel, entsteint 15min
1 Feige, getrocknet 15min
100 g Babyspinat
1 Banane
1 Apfel
6 EL Zitronensaft
250 ml Wasser

METABOLISM SMOOTHIE

255 kcal

Portionen: 2
Vorbereitung: 5 Tage
Zubereitung: 10 Minuten

1,5 TL Brokkolisamen 8h 5T
1 EL Leinsamen 8h
250 g Beerenmischung, gefroren
165 g Ananas
2 Orangen, entsaftet
230 ml Wasser
2 Feigen oder Medjool-Datteln
1,5 cm Ingwer, geschält
1/2 TL Vanille-Extrakt
1/2 TL Zimt

Leinsamen in einer Schale mit Wasser für 8 Stunden einweichen. Anschließend das Einweichwasser abgießen und die Leinsamen gut durchspülen.

Für das Rezept 50 g Brokkoli-Microgreens gut waschen und trockenschütteln. Der Rest der Brokkoli-Microgreens kann weiter keimen und für ein anderes Rezept verwendet werden.

Orangen halbieren und mit kreisenden Bewegungen auf einer Orangenpresse auspressen. Den frisch gepressten Orangensaft beiseitestellen. Ananas und Kurkuma schälen.

Alle Zutaten in einen Standmixer geben und glatt pürieren.

Den Metabolism Smoothie in ein Glas geben und genießen.

METABOLIC SMOOTHIE

327 kcal

Für das Rezept 50 g Alfalfasprossen gut waschen und trockenschütteln. Der Rest der Alfalfaprossen kann weiter keimen und für ein anderes Rezept verwendet werden.

Romana-Salat in Stücke schneiden oder rupfen, Spinat verlesen, Petersilieblätter vom Stiel trennen und alles gründlich waschen.

Banane und Grapefruit schälen und in grobe Stücke schneiden. Staudensellerie waschen und in vier gleiche Stücke schneiden.

Alle Zutaten einschließlich Alfalfasprossen in einen Standmixer geben und glatt pürieren.

Den Smoothie in ein Glas füllen und mit ein paar Alfalfaprossen dekorieren.

Tipp: Dieser Smoothie eignet sich besonders dazu, den Stoffwechsel am Morgen in Schwung zu bringen und deine Zellen mit wichtigen Nährstoffen zu versorgen.

Portionen: 1
Vorbereitung: 5 Tage
Zubereitung: 10 Minuten

1 TL Alfalfasamen 8h 5T
3 Dattel, entsteint 15min
100 g Romana-Salat
50 g Babyspinat
50 g Petersilie
1 Stange Staudensellerie
1 Grapefruit
1 Banane
3 EL Zitronensaft
200 ml Wasser

BLAUBEER-SMOOTHIE

208 kcal

Portionen: 1
Vorbereitung: 5 Tage
Zubereitung: 10 Minuten

1 TL Radieschen-
samen 6h 5T
3 Datteln, entsteint
200 g Blaubeeren, gefroren
180 ml Mandelmilch, selbstgemacht
oder alternativ Cashewmilch
1 1/2 TL Vanille, gemahlen

Verwendete Rezepte:
Nussmilch Seite 39

Für das Rezept 15 g Radieschensprossen gut waschen und trockenschütteln. Der Rest der Radieschensprossen kann weiter keimen und für ein anderes Rezept verwendet werden.

Radieschensprossen, Datteln, Blaubeeren (ein paar Blaubeeren für das Topping aufheben) und Vanille mit Mandelmilch in einen Standmixer geben und glatt pürieren.

Den Smoothie in ein Glas füllen und mit Blaubeeren dekorieren.

ERDBEER-MILCHSHAKE

376 kcal

Für das Rezept 50 g Alfalfasprossen gut waschen und trockenschütteln. Der Rest der Alfalfasprossen kann weiter keimen und für ein anderes Rezept verwendet werden.

Bananen schälen und in grobe Scheiben schneiden. Alfalfasprossen, Bananen, Dattel, Erdbeeren und Vanille mit der Mandelmilch in einen Standmixer geben und glatt pürieren.

Den Shake in ein Glas füllen und mit ein paar Alfalfasprossen dekorieren.

Portionen: 1
Vorbereitung: 6 Tage
Zubereitung: 10 Minuten

1 TL Alfalfasamen 6h 6T
1 Dattel, entsteint 15min
2 Bananen
200 g Erdbeeren, gefroren
200 ml Mandelmilch, selbstgemacht oder alternativ Cashewmilch
1 TL Vanille, gemahlen

Verwendete Rezepte:
Nussmilch Seite 39

KURKUMA-SMOOTHIE

303 kcal

Portionen: 2
Zubereitung: 10 Minuten

600 ml Mandelmilch, selbstgemacht
2 Bananen
1 cm frischen Ingwer
1 cm frischen Kurkuma
alternativ 1 TL Kurkumapulver
3 EL Granola
Zimt

Verwendete Rezepte:
Nussmilch S. 39
Nuss-Granola S. 89

Bananen schälen, Ingwer und Kurkuma putzen und schälen.

Alle Zutaten mit Mandelmilch in einen Standmixer geben und etwa eine Minute glatt pürieren.

Den Smoothie in ein Glas geben und mit selbstgemachtem Granola und Zimt dekorieren.

Der Smoothie wird am besten gelöffelt.

Tipp: Beim Ingwer schälen geht oft viel zu viel Ingwer statt nur Schale ab. Probier's mal mit einem Löffel und schabe die feine Schale einfach ab. So kommst du auch an die stark verzweigten Stellen ran und es wird sicher nur die Schale entfernt – und nicht der Ingwer selbst.

ORANGEN-KAROTTEN-SMOOTHIE

286 kcal

Portionen: 2
Zubereitung: 5 Minuten

4 EL ungeschälte Hanfsamen 8h
6 Orangen
4 Karotten
2 cm frischer Ingwer
300–400 ml Wasser

Orangen halbieren und mit kreisenden Bewegungen auf einer Orangenpresse auspressen. Den frisch gepressten Orangensaft beiseitestellen.

Karotten und Ingwer schälen. Alle Zutaten einschließlich frischgepresstem Orangensaft und ungeschälten Hanfsamen in einen Standmixer geben und glatt pürieren.

Den Orangen-Karotten-Smoothie in ein Glas geben und genießen.

Tipp: Orangensaft und frischer Ingwer sind perfekt für die kalte Jahreszeit. Orangen enthalten viel Vitamin C und die Schärfe des Ingwers wärmt natürlich von innen. Die Karotten geben dir die Extraportion Gemüse am Morgen und die eingeweichten Hanfsamen haben einen hohen Gehalt an pflanzlichem Protein und essentiellen Amino- und Fettsäuren.

BIRCHER SPROSSEN-MÜSLI

440 kcal

Portionen: 8 (je 85 g)
Vorbereitung: 2 Tage
Zubereitung: 15 Minuten

120 g Buchweizenkörner 0,5h 2T
60 g Leinsamen
80 g Kokosflocken
120 g Kürbiskerne
120 g geschälte Hanfsamen
120 g Sonnenblumenkerne
60 g getrocknete Mango ohne Zuckerzusatz

Frisch angekeimte Buchweizensprossen im Dörrgerät, im Backofen oder in der Sonne schonend trocknen.

Für das Trocknen in der Sonne die Buchweizensprossen auf ein mit Backpapier ausgelegtes Backblech verteilen und 8–12 Stunden trocknen lassen.

Eine Alternative ist das Trocknen von Buchweizensprossen im Backofen. Dafür die geringste Temperatur am Backofen einstellen. Beachte, dass eine Temperatur von 42 °C nicht überschritten werden darf, damit die Buchweizensprossen in Rohkostqualität bleiben. Die Buchweizensprossen auf einem mit Backpapier ausgelegtem Backblech verteilen und in den Backofen geben. Während des Backens die Backofentür einen Spalt offen lassen, damit die Feuchtigkeit entweichen kann. Sollte die Backofentür nicht von selbst offen bleiben, kann in die Backofentür ein Kochlöffel aus Holz eingehängt werden.

Alle Zutaten in ein Glas geben und gut vermengen. Das Sprossen-Müsli am besten in einem Schraubglas luftdicht verschlossen aufbewahren.

Das Sprossen-Müsli in einer Schüssel mit Hafermilch vermengen und abgedeckt im Kühlschrank über Nacht quellen lassen. Am nächsten Tag aus dem Kühlschrank nehmen und mit euren Lieblings-Toppings garnieren.

Tipp: In ein sauberes, dicht verschlossenes Schraubglas gefüllt, hält sich das Sprossen-Müsli zwei Wochen im Kühlschrank. Es schmeckt super als Topping auf deiner Smoothie Bowl, zu pflanzlichem Joghurt, zu Chiapudding oder über Salat gestreut.

KNUSPRIGES NUSS-GRANOLA

230 kcal

Portionen: 8 (je 50 g)
Vorbereitung: 8 Stunden
Zubereitung: 25 Minuten

180 g Nussmischung (Mandeln, Cashewkerne, Pistazien) 8h
80 g Haferflocken, glutenfrei
150 g Medjool-Datteln, entkernt
20 g Leinsamen

Nussmischung in einer Schüssel mit Wasser für 8 Stunden einweichen. Anschließend das Einweichwasser abgießen und die Nüsse gut durchspülen. Nüsse auf ein mit Backpapier ausgelegtes Backblech verteilen und 4 Stunden (am besten in der Sonne) trocknen lassen.

Backofen auf 150 °C Ober-/Unterhitze vorheizen und getrocknete Nüsse etwa 10–12 Minuten im Backofen anrösten. Behalte die Nüsse während des Backens gut im Blick, damit sie nicht zu dunkel werden und verbrennen.

Geröstete Nüsse aus dem Ofen nehmen und auskühlen lassen. Anschließend zusammen mit Haferflocken, Medjool-Datteln und Leinsamen in eine Küchenmaschine geben und mixen, bis eine krümelige und klebrige Masse entsteht.

In ein sauberes, dicht verschlossenes Schraubglas gefüllt, hält sich das Granola zwei Wochen im Kühlschrank.

Tipp: Unser Nuss-Granola schmeckt super als Topping auf deiner Smoothie Bowl, zu pflanzlichem Joghurt, zu Chiapudding oder über Salat gestreut. Außerdem kannst du daraus leckere und gesunde Energy Balls für unterwegs formen.

FRUCHTIGE POWER-BOWL

739 kcal

Portionen: 1
Vorbereitung: 2 Tage
Zubereitung: 5 Minuten

125 g Buchweizenkörner
5h 2T
1 große Banane
150 g Erdbeeren, gefroren
50 g Spinat
200 ml Wasser

Topping:
1 EL Buchweizensprossen
2 TL Hanfsamen, geschält
1 EL Kokoschips
1 EL Brombeeren
1 EL Blaubeeren

Spinat verlesen, gründlich waschen und trockenschleudern.

Buchweizensprossen gründlich waschen und 1 EL für das Topping beiseitelegen. Bananen schälen und in grobe Scheiben schneiden.

Buchweizensprossen, Banane, Erdbeeren und Spinat mit Wasser in einen Standmixer geben und glatt pürieren.

In eine Bowl füllen und mit Topping-Zutaten verzieren.

Tipp: Diese Bowl ist ein wahres Post-Workout-Wunder und ein echter Energie-Lieferant. Sie enthält viele wichtige Nährstoffe, die deinen Körper beim Muskelaufbau und der schnellen Regeneration unterstützen.

Für mehr Abwechslung sorgt ein Topping aus 2 TL Kakaonibs, 1 EL Himbeeren und einer Handvoll Alfalfasprossen.

BUCHWEIZEN-ROSINEN-KOKOS-BREI

671 kcal

Portionen: 1
Vorbereitung: 2 Tage
Zubereitung: 25 Minuten

75 g Buchweizenkörner 0,5h 2T
16 g Mandeln 8h
180 ml Cashewmilch
2 EL Rosinen
1 TL Kokosblütenzucker
2 EL Kokosflocken
1/2 Apfel
1/2 Banane
Vanillepulver

Topping:
50 g Himbeeren
1/2 TL Zimtpulver

Verwendete Rezepte:
Nussmilch S. 39

Mandeln in kleine Stücke hacken. Banane in Scheiben schneiden. Apfel vom Kerngehäuse befreien und in kleine Würfel schneiden.

Cashewmilch in einem Topf langsam zum Kochen bringen. Die Buchweizensprossen, Rosinen und den Kokosblütenzucker hinzugeben. Unter ständigem Rühren etwa 5 Minuten bei niedriger Hitze köcheln lassen, bis eine cremige Masse entsteht.

In den Brei Vanille, Kokosflocken und Mandeln unterrühren. Früchte zum Brei hinzugeben und vermengen.

Den Brei in ein Schälchen füllen, Himbeeren darüber geben und mit Zimt bestäuben.

HUMDAKIN

PORRIDGE MIT RHABARBER UND BUCHWEIZENSPROSSEN

400 kcal

Portionen: 2
Vorbereitung: 2 Tage
Zubereitung: 20 Minuten

50 g Buchweizen-körner 0,5h 2T
70 g Haferflocken, glutenfrei
350 ml Mandelmilch
250 ml Wasser

Kompott:
400 g Himbeer-Rhabarber
100 g Himbeeren
2 EL Ahornsirup

Topping:
2 EL Kürbiskerne
Buchweizensprossen

Verwendete Rezepte:
Nussmilch S. 39

Für das Kompott den Rhabarber in fingerdicke Scheiben schneiden und mit den Himbeeren in einem Topf bei mittlerer Hitze mit etwas Wasser köcheln lassen. Den Ahornsirup dazugeben und abschmecken.

Die Haferflocken bei mittlerer Hitze in einem Topf ohne Öl kurz anrösten, bis sie duften. Dabei darauf achten, dass die Haferflocken nicht anbrennen.

Die gerösteten Haferflocken mit Wasser und Mandelmilch aufgießen. Unter ständigem Rühren etwa 15 Minuten bei niedriger Hitze köcheln lassen, bis eine cremige Konsistenz entsteht.

Porridge in Schalen füllen, Kompott darauf verteilen und mit Buchweizensprossen und Kürbiskernen toppen.

GRÜNE SMOOTHIE BOWL

423 kcal

Portionen: 2
Vorbereitung: 3 Tage
Zubereitung: 15 Minuten

1 EL Leinsamen 3T
150 g Banane, gefroren
200 g Mango gefroren
200 ml Kokosmilch
2 TL Matcha-Pulver
1 EL Mandelmus
1 Medjool-Dattel, entkernt
1 kleine Banane
4 EL Kokosjoghurt
4 EL Nuss-Granola
Minzblätter

Verwendete Rezepte:
Nuss-Granola S. 89

Gefrorene Banane, gefrorene Mango, Kokosmilch, Mandelmus, Matcha-Pulver und Medjool-Dattel in einen Standmixer geben und glatt pürieren. Danach in eine Schüssel umfüllen.

Für das Topping die kleine Banane in Scheiben schneiden und zusammen mit Kokosjoghurt, Granola, Minzblättern und Leinsamensprossen auf die Smoothie-Bowl geben und genießen.

Tipp: Damit du die Zutaten für die Bowl immer zuhause hast, am besten reife Bananen und Mangos geschält und in Würfel geschnitten einfrieren. Die Smoothie Bowl wird mit den gefrorenen Zutaten außerdem viel cremiger.

APFEL-ZIMT-CREME MIT HIRSE

526 kcal

Portionen: 1
Vorbereitung: 8 Stunden
Zubereitung: 20 Minuten

75 g Hirsekörner, geschält 8h
220 ml Mandelmilch
1/2 TL Zimtpulver
Salz
1/2 EL Cashewmus
1 TL Kokosblütenzucker
1/2 Apfel
20 g Rosinen

Verwendete Rezepte:
Nussmilch S. 39

Mandelmilch in einem Topf langsam zum Kochen bringen und die Hirsekörner hinzugeben. Unter ständigem Rühren bei niedriger Hitze etwa 5 Minuten köcheln lassen, bis eine cremige Konsistenz entsteht. Cashewmus der Masse unterrühren, den Herd ausschalten und zugedeckt für etwa 15–20 Minuten quellen lassen. Gelegentlich umrühren und gegebenenfalls mehr Mandelmilch hinzugeben.

Zimt, etwas Salz sowie Kokosblütenzucker unterrühren.

Apfel vom Kerngehäuse befreien, in kleine Würfel schneiden. Die Apfelwürfel und Rosinen unterheben.

Die Apfel-Zimt-Creme mit Hirse in ein Schälchen füllen und genießen.

Tipp: Statt Mandelmilch schmeckt Cashewmilch auch sehr lecker in der Apfel-Zimt-Creme.

SCHOKOLADEN-SMOOTHIE-BOWL

649 kcal

Cashewkerne in einer Schüssel mit Wasser für 2 Stunden einweichen. Anschließend das Einweichwasser abgießen und die Cashewkerne gut durchspülen.

Gefrorene Bananen, Cashewkerne und Kakaopulver für die Smoothie Bowl in einen Standmixer geben und glatt pürieren. Die Schokoladen-Smoothie-Bowl auf zwei Schalen verteilen.

Für das Topping die Banane in Scheiben schneiden und zusammen mit Amaranth, Kakaonibs, Hanfsamen und Haferflocken auf die Smoothie Bowl geben. Cahewmus und Kokosmilch darüber sprenkeln und genießen.

Tipp: Du kannst die Toppings beliebig variieren und deine ganz persönliche Lieblings-Frühstücks-Bowl kreieren. Die besten Beispiele sind Beeren, Nüsse, Leinsamen, gekeimter Buchweizen und Hanfsamen.

Portionen: 2
Vorbereitung: 2 Stunden
Zubereitung: 15 Minuten

Schoko-Creme:

50 g Cashewkerne 2h
4 gefrorene Bananen
1 EL Kakaopulver

Topping:

1 Banane
2 EL gepuffter Amaranth
2 EL rohe Kakaonibs
2 EL Hanfsamen, geschält
2 EL Haferflocken
2 EL Cashewmus
2 EL Kokosmilch

PFLAUMEN-CHIA-PUDDING

274 kcal

Mandelmilch in eine Schale geben und Chiasamen mit dem Schneebesen einrühren. Pflanzlichen Joghurt und Ahornsirup hinzugeben und vermengen. Den Chiapudding mindestens 30 Minuten quellen lassen.

Für das Pflaumenkompott die Pflaumen waschen, entkernen und vierteln. Mit Wasser, Kokosblütenzucker und Zimtpulver in einem kleinen Topf erhitzen und 10–15 Minuten köcheln lassen, bis sie weich sind. Pflaumenkompott abkühlen lassen.

Chiapudding in Gläser füllen und mit dem Pflaumenkompott toppen.

Portionen: 2
Zubereitung: 30 Minuten

3 EL Chiasamen
400 g pflanzlicher Joghurt, ungesüßt
100 ml Mandelmilch
Ahornsirup nach Belieben

Kompott:
250 g Pflaumen
100 ml Wasser
1-2 EL Kokosblütenzucker
1 TL Zimtpulver

Verwendete Rezepte:
Nussmilch S. 39

AVOCADO-BROT MIT SPROSSEN

185 kcal

Portionen: 2
Vorbereitung: 5 Tage
Zubereitung: 5 Minuten

1 TL Radieschen-samen 6h 5T
1/2 Avocado
2 Scheiben glutenfreies Vollkornbrot
4 mittelgroße Radieschen
1 EL Zitronensaft
1 EL Hanfsamen, geschält
Salz
Pfeffer

Für das Rezept 30 g Radieschen-Microgreens gut waschen und trockenschütteln. Der Rest der Radieschen-Microgreens kann weiter keimen und für ein anderes Rezept verwendet werden.

Avocado halbieren, Stein entfernen und das Fruchtfleisch mit einem Esslöffel aus der Schale heben. Fruchtfleisch in Spalten schneiden und mit Zitronensaft beträufeln.

Radieschen waschen und in Scheiben schneiden. Brotscheiben mit Avocadospalten und Radieschenscheiben belegen. Mit etwas Salz und grobem Pfeffer würzen und Radieschen-Microgreens und Hanfsamen darüber verteilen.

Tipp: Unsere selbstgemachte Cashew-Mayonnaise passt auch super als Aufstrich zum Avocado-Brot. Du willst dein Brot selber backen? Unser selbstgemachtes Chia-Superfood-Brot oder das Sauerteigbrot aus frischen Sprossen eignen sich wunderbar.

KAROTTEN-LACHS

316 kcal

Backofen auf 200 °C Ober-/Unterhitze vorheizen. Karotten gut waschen und ungeschält mit zwei gehäuften Esslöffeln Salz einreiben, sodass sie rundherum gut bedeckt sind. Auf ein mit Backpapier ausgelegtes Backblech legen und 45 Minuten im Ofen schmoren.

In der Zwischenzeit für die Marinade einen gehäuften Esslöffel Salz, Apfelessig, Flüssigrauch und Olivenöl in eine Frischhaltebox geben und vermengen. Das Nori-Blatt in Stücke schneiden und zur Marinade dazugeben.

Karotten aus dem Backofen nehmen. Karotten noch warm schälen und der Länge nach in dünne Streifen schneiden.

Karottenstreifen in die Frischhaltebox hineingeben und gleichmäßig mit der Marinade bedecken. Die Karottenstreifen für 1–3 Tage im Kühlschrank ziehen lassen.

Brotscheiben mit Cashew-Mayonnaise bestreichen, mit Karottenlachs belegen und mit Algen-Kaviar und Erbsengrün toppen.

Tipp: Der Karotten-Lachs gehört auf jedes Brunch-Buffet! Genauso wie unser Avocado-Brot, Walnuss-Pâté auf Sprossen-Fladenbrot und unser Frischkäse.

Portionen: 4
Vorbereitung: 10 Tage
Zubereitung: 60 Minuten

1 EL grüne Erbsen 8h 10T
500 g große Karotten
1 EL Apfelessig
2 EL Flüssigrauch
3 EL Olivenöl
1 Nori-Blatt
8 Scheiben Vollkornbrot, glutenfrei
4 EL Cashew-Mayonnaise
4 EL Algen-Kaviar
3 gehäufte EL Salz

Verwendete Rezepte:
Cashew-Mayonnaise S. 45

SPROSSEN-SANDWICH

275 kcal

Portionen: 3
Vorbereitung: 6 Tage
Zubereitung: 5 Minuten

1 TL Knoblauchsamen 💧8h 🌱6T
1 TL Radieschensamen 💧6h 🌱5T
6 Scheiben glutenfreies Vollkornbrot
120 g Hummus
3 Blätter Chinakohl-Salat
1/2 Zucchini

Verwendete Rezepte:
Hummus S. 61

Für das Rezept 50 g Knoblauch-Microgreens und 50 g Radieschen-Microgreens gut waschen und trockenschütteln. Der Rest der Microgreens kann weiter keimen und für ein anderes Rezept verwendet werden.

Zucchini waschen und in dünne Scheiben schneiden. Chinakohl waschen, trockenschütteln und in brotscheibengroße Stücke schneiden.

Alle Brotscheiben mit Hummus bestreichen. Drei Brotscheiben mit Zucchini-Scheiben, Chinakohl, Radieschen-Microgreens und Knoblauch-Microgreens belegen und jeweils mit einer Brotscheibe zuklappen. Ideal als Snack zum sofort Genießen oder super zum Mitnehmen in einer Brotdose.

Tipp: Statt Hummus kannst du zum Bestreichen der Brote auch die köstliche selbstgemachte Cashew-Mayonnaise oder unseren schnellen Frischkäse ausprobieren.

PANCAKES

615 kcal

Portionen: 2 (12 Pancakes)
Vorbereitung: 2 Tage
Zubereitung: 1 Stunde

50 g Buchweizen-
körner 0,5h 2T
50 g Quinoakörner 2h 2T
180 g Nackthaferkörner 1h 2T
100 ml Mandelmilch
120 ml Mineralwasser
100 g Apfelmus
oder pürierter Apfel
2 EL Mohn
1 TL Natron
1 TL Backpulver
1 Prise Salz
2 TL Kokosöl

Topping:
Ahornsirup

Buchweizen-, Quinoa- und Hafersprossen in eine Küchenmaschine geben und glatt pürieren. Apfelmus, Mohn, Natron, Backpulver, Salz und Mandelmilch hinzugeben und glatt verrühren, bis ein dicker, glatter Pancake-Teig entsteht. Den Teig in eine Schüssel umfüllen, Mineralwasser hinzugeben und langsam verrühren. Anschließend für 15 Minuten quellen lassen, so werden die Pancakes richtig fluffig.

Kokosöl in eine Bratpfanne geben und bei mittlerer Hitze erwärmen.

Den Pancake-Teig portionsweise in die Pfanne geben und von beiden Seiten goldbraun backen. Ahornsirup über die Pancakes geben und fertig!

Tipp: Wenn es mal schnell gehen muss: Die Pancakes können auch im Backofen zubereitet werden. Teig auf einem Backblech zu gleichgroßen Fladen portionieren. Einfach bei 150 °C auf mittlerer Ebene für 25–30 Minuten backen.

HAUPT
GERICHTE

GEMISCHTER SALAT MIT SPROSSEN

414 kcal

Romana-Salat und Endivie gründlich waschen, trockenschleudern und in mundgerechte Stücke schneiden. Alles in eine Salatschüssel geben.

Karotte schälen und grob raspeln. Radieschen waschen und in dünne Scheiben schneiden. Frühlingszwiebeln waschen und in feine Ringe schneiden. Tomaten waschen und vierteln. Alles zum Salat in die Schüssel hinzugeben.

Je 50 g Brokkoli-und Sesamsprossen sowie die Cashewkerne zu den anderen Salatzutaten geben.

Für das Dressing Leinöl und Apfelessig zusammen mit Salz und Pfeffer im Glas verquirlen, über den Salat gießen und alle Zutaten vorsichtig vermengen.

Den Salat auf einem großen Teller anrichten und mit ein paar Sprossen garnieren.

Portionen: 1
Vorbereitung: 5 Tage
Zubereitung: 15 Minuten

1 TL Brokkolisamen 8h 5T
1 EL Sesamsamen 4h 2T
2 EL Cashewkerne
150 g Romana-Salat
50 g Endivie
4 Cherrytomaten
1 Karotte
5 Radieschen
1–2 Frühlingszwiebeln

Dressing:
1–2 EL Apfelessig
oder frischer Zitronensaft
1 EL Leinöl
1/4 TL Salz
1 Prise Pfeffer

SPINAT-SALAT MIT RADIESCHENSPROSSEN

318 kcal

Für das Rezept 30 g Radieschensprossen gut waschen und trockenschütteln. Der Rest der Radieschensprossen kann weiter keimen und für ein anderes Rezept verwendet werden.

Für den Salat Babyspinat verlesen, gründlich waschen und trockenschleudern. Rote Bete schälen und in grobe Stifte schneiden. Zwiebel abziehen und fein würfeln. Avocado halbieren, entkernen und in Würfel schneiden.

Spinat, Rote Bete, Avocado und Zwiebel in eine große Schüssel geben.

Für das Dressing frischen Dill waschen, trockenschütteln, Dillspitzen zupfen und fein hacken. Leinöl, Balsamico-Essig und Dill in ein Glas geben, Knoblauchzehe durch eine Presse hineindrücken und alle Zutaten verquirlen. Mit Salz und Pfeffer würzen.

Das Dressing vor dem Servieren über den Salat gießen und alle Zutaten vorsichtig vermengen. Den Salat auf einem großen Teller anrichten und mit Radieschen- und Sesamsprossen garnieren.

Portionen: 1
Vorbereitung: 5 Tage
Zubereitung: 15 Minuten

1 TL Radieschensamen 6h 5T
2 TL Sesamsamen 4h 2T
150 g Babyspinat
1 Knolle Rote Bete
1/2 Avocado
1 kleine rote Zwiebel

Dressing:
1 EL Leinöl
1 EL Balsamico-Essig
1 Knoblauchzehe
3 EL frischer Dill
1/4 TL Salz
Pfeffer

Topping:
Radieschensprossen
Sesamsprossen

KNACKIGER SALAT MIT NÜSSEN UND SAMEN

721 kcal

Romana-Salat und Rucola verlesen, gründlich waschen und trockenschleudern. Romana-Salat in mundgerechte Stücke schneiden. Alles in eine Salatschüssel geben.

Gurke waschen und in dünne Scheiben schneiden. Tomaten waschen und vierteln. Avocado halbieren, entkernen und in Würfel schneiden. Alles in die Salatschüssel geben.

Für das Dressing Leinöl und Apfelessig in einem Glas verquirlen und über den Salat gießen.

Mandeln, Sonnenblumen- und Kürbiskerne gemeinsam mit den Sesamsamen zum Salat dazugeben und alles miteinander vermengen. Mit Salz und Pfeffer abschmecken.

Portionen: 1
Vorbereitung: 8 Stunden
Zubereitung: 15 Minuten

20 g Mandelkerne 8h
20 g Sonnenblumenkerne 8h
20 g Kürbiskerne 8h
1 EL Sesamsamen 8h
125 g Romana-Salat
75 g Rucola
4 Cherrytomaten
1/2 Gurke
1/2 Avocado

Dressing:
1–2 EL Apfelessig
oder frischer Zitronensaft
1 EL Leinöl
1/4 TL Salz
Pfeffer

SALAT MIT TOFU-ECKEN

587 kcal

Für das Rezept 30 g Radieschen-Microgreens gut waschen und trockenschütteln. Der Rest der Radieschen-Microgreens kann weiter keimen und für ein anderes Rezept verwendet werden.

Für das Salatdressing Erdnussmus, Ahornsirup, Tamari, Apfelessig , Leinöl und Wasser nach Belieben in ein Glas geben, verschrauben und durchschütteln, bis ein glattes Dressing entsteht.

Für die Marinade alle Zutaten in ein Glas geben, verschrauben, ebenfalls alles zu einer glatten Masse durchschütteln und beiseitestellen.

Den Salat gründlich waschen, trockenschleudern, in mundgerechte Stücke schneiden und auf Schalen portionieren. Radieschen waschen und in dünne Scheiben schneiden. Avocado halbieren, entkernen und in Scheiben schneiden. Champignons putzen und in Scheiben schneiden. Gurke waschen, mit einem Sparschäler in breite Streifen schneiden. Den Rotkohl hauchdünn hobeln. Das Gemüse zu dem Salat in die Schalen hinzugeben.

Tofu in flache Dreiecke schneiden. Kokosöl in einer beschichteten Pfanne erhitzen und die Dreiecke darin von beiden Seiten für jeweils 5 Minuten bei mittlerer Hitze knusprig anbraten. Mit der Marinade ablöschen und einkochen lassen, bis die Marinade karamellisiert. Anschließend von der Herdplatte nehmen und ziehen lassen.

Das Dressing über den Salat gießen und alle Zutaten gut miteinander mischen. Die knusprigen Tofu-Dreiecke auf den Salat geben und mit Radieschen-Microgreens und Sesamsamen dekorieren und servieren.

Tipp: Statt Naturtofu kannst du auch wunderbar Lupinen-Tempeh verwenden.

Portionen: 2
Vorbereitung: 6 Tage
Zubereitung: 25 Minuten

1 TL Radieschensamen 6h 5T
250 g Naturtofu
300 g Feldsalat
1/2 Gurke
1 Avocado
8 Radieschen
300 g Rotkohl
4 Champignons
1 EL Sesamsamen
2 TL Kokosöl

Dressing:
1 EL Erdnussmus
2 EL Ahornsirup
2 EL Tamari, salzreduziert
2 EL Apfelessig
1 TL Leinöl

Marinade:
2 EL Tamari, salzreduziert
1 EL Ahornsirup
1 TL grüne Currypaste
1 TL Kaffir-Limettenblätter

MUNGBOHNEN-LINSEN-SPROSSEN-SALAT

559 kcal

Portionen: 2
Vorbereitung: 3 Tage
Zubereitung: 15 Minuten

50 g Berglinsen 8h 3T
50 g Mungbohnen 8h 3T
2 EL Sesamsamen 4h 2T
50 g Spitzkohl
50 g Romana-Salat
1 Karotte
1/4 Gurke
1 Tomate
1/4 rote Zwiebel
1 Frühlingszwiebel
4 Champignons
75 g Rosinen

Dressing:
2 EL Apfel-Balsamico oder Apfelessig
2 EL Leinöl
4 EL Wasser
1 Knoblauchzehe, optional
4 EL Hefeflocken
2 EL frischer Dill
2 EL frische Petersilie, gehackt
1/4 TL Salz
Pfeffer
Cayennepfeffer

Für den Salat Spitzkohl- und Romanablätter waschen, trockenschütteln, aufeinanderlegen, zusammenrollen und in hauchdünne Streifen schneiden. In eine Salatschüssel geben, mit etwas Leinöl vermischen und ruhen lassen.

Champignons putzen, Gurke waschen, würfeln und in die Salatschüssel geben. Zwiebel abziehen und fein würfeln. Frühlingszwiebel waschen und in feine Ringe schneiden. Tomate waschen, in Scheiben schneiden und halbieren. Karotte putzen, schälen, mit einem Gemüsehobel in feine Streifen schneiden. Ebenfalls in die Salatschüssel hinzugeben. Nun die Linsen-, Mungbohnen-, Sesamsprossen und Rosinen hinzufügen und alle Salat-Zutaten gut miteinander vermengen.

Für das Dressing frischen Dill und Petersilie waschen, trockenschütteln, Dillspitzen sowie Petersilie zupfen und fein hacken. Leinöl, Apfel-Balsamico, Wasser, Hefeflocken, Dill und Petersilie in eine Schale geben, optional Knoblauchzehe durch eine Presse hineindrücken und alle Zutaten verquirlen.

Das Dressing über den Salat gießen und alle Zutaten gründlich miteinander vermischen, bis das Dressing gleichmäßig verteilt ist. Mit Salz und Pfeffer abschmecken.

ROTE-BETE-SALAT MIT LINSENSPROSSEN

671 kcal

Portionen: 2
Vorbereitung: 3 Tage
Zubereitung: 30 Minuten

150 g Linsen 8h 3T
Berg- oder Puylinsen
40 g Kürbiskerne 8h
1 EL Sesamsamen 8h
300 g Rote Bete
200 g Rucola
2 Knoblauchzehen
2 Schalotten
1 TL Kokosöl
3 EL Ahornsirup

Dressing:
2 1/2 EL Zitronensaft
2 1/2 EL Apfelessig
1 TL Leinöl
1 EL Ahornsirup
1/2 TL Salz
Pfeffer

Vinaigrette:
1 1/2 Vanilleschoten
1/4 TL Kardamom
8 EL Kokosmilch
1 TL Leinöl

Für das Dressing Zitronensaft, Leinöl und Apfelessig mit einem Esslöffel Ahornsirup verquirlen. Mit Salz und Pfeffer würzen und das Dressing auf zwei Portionen aufteilen.

Die Vanilleschote längs aufschneiden und das Mark herauskratzen. Vanillemark, Kardamom, Leinöl und Kokosmilch mit einer Dressingportion zu einer Vinaigrette vermischen.
Die Kürbiskerne in einer Pfanne leicht anrösten, Ahornsirup hinzugeben und Kürbiskerne karamellisieren. Die Masse auf Backpapier verstreichen und abkühlen lassen.

In der Zwischenzeit die Knoblauchzehen abziehen und fein hacken. Schalotten abziehen und würfeln. Kokosöl in eine Bratpfanne geben, bei mittlerer Hitze erwärmen und Schalotten sowie Knoblauch darin glasig anschwitzen.

Für den Salat Rote Bete schälen, grob würfeln und in eine Salatschüssel geben. Die angeschwitzten Schalotten und den Knoblauch hinzugeben und mit der Vinaigrette gut vermengen. Mit Salz und Pfeffer abschmecken.

Linsensprossen mit der zweiten Dressingportion vermengen. Rucola waschen und trockenschleudern. Rucola und Rote-Bete-Salat auf zwei Tellern anrichten, Linsensprossen und karamellisierte Kürbiskerne darüber geben. Mit Sesamsamen garnieren.

BUCHWEIZENSPROSSEN-SALAT

474 kcal

Portionen: 2
Vorbereitung: 2 Tage
Zubereitung: 15 Minuten

150 g Buchweizenkörner 0,5h 2T
5–6 Tomatenhälften, getrocknet 15min
1 rote Paprikaschote
2 Tomaten
5 Champignons
1/2 rote Zwiebel
2 Frühlingszwiebeln
50 g Rucola
1 Chilischote, optional

Dressingvarianten:

Paprika-Dressing
2 EL Apfel-Balsamico
2 EL Leinöl
1 EL Paprikapulver
1/4 TL Salz
Pfeffer

Senf-Dressing
2 EL Apfel-Balsamico
2 EL Leinöl
1 EL Senf
1/4 TL Salz
Pfeffer

Für den Salat Champignons putzen, Paprikaschote waschen, würfeln und in eine Salatschüssel geben.

Zwiebel abziehen und fein würfeln. Frühlingszwiebeln waschen und in feine Ringe schneiden.

Rucola waschen, trockenschleudern und in mundgerechte Stücke schneiden. Optional Chilischote waschen, putzen und fein hacken.

Frische Tomaten waschen und würfeln. Getrocknete Tomaten (eingeweicht) fein hacken.

Buchweizensprossen mit dem geschnittenen Gemüse in die Salatschüssel hinzugeben.

Alle Zutaten gut miteinander vermengen.

Für das Dressing Zutaten miteinander verquirlen. Mit Salz und Pfeffer würzen. Das Dressing über den Salat gießen und alles vermischen, bis das Dressing gleichmäßig verteilt ist.

Den Salat auf zwei Tellern anrichten.

KICHERERBSEN-SPROSSEN-SALAT

489 kcal

Portionen: 2
Vorbereitung: 3 Tage
Zubereitung: 15 Minuten

150 g Kichererbsen 8h 3T
1 rote Paprikaschote
1 rote Zwiebel
1 Frühlingszwiebel
50 g Rosinen

Dressing:
2–3 EL Apfelessig
2 EL Leinöl
1 EL Paprikapulver, rosenscharf
1/2 TL Salz
Pfeffer

Kichererbsensprossen in einem Kochtopf mit Wasser bedecken und zum Kochen bringen. Hitze reduzieren und bei mittlerer Stufe 30 Minuten kochen. Kichererbsensprossen in einem Sieb abgießen, mit kaltem Wasser abschrecken und trockenschütteln.

In der Zwischenzeit Paprikaschote waschen, putzen und würfeln. Zwiebel abziehen und fein würfeln. Frühlingszwiebel waschen und in feine Ringe schneiden. Alle Zutaten in eine große Schüssel geben und miteinander vermengen. Rosinen hinzugeben.

Leinöl, Apfelessig und Paprikapulver verquirlen. Mit Salz und Pfeffer würzen. Das Dressing über den Salat gießen und alle Zutaten gut vermischen, bis das Dressing gleichmäßig verteilt ist. Den Salat auf zwei Tellern anrichten.

Tipp: Etwas Rucola verleiht dem Kichererbsensprossen-Salat eine würzigscharfe Geschmacksnote.

HERZHAFTE BOHNEN-KÜRBIS-SUPPE

334 kcal

Portionen: 4
Vorbereitung: 12 Stunden
Zubereitung: 1,5 Stunde

250 g weiße Bohnen 💧12h
250 g Butternusskürbis
1 Karotte
1 Staudensellerie
1/2 Porree
50 g Sellerie
2–3 Grünkohl- oder Wirsingblätter
2 EL Kokosöl
3 TL Thymian
1/2 Salz
Pfeffer
1 Zwiebel
1 Knoblauchzehe
5 Tomaten
9 Tomatenhälften, getrocknet 💧15min
600 ml Gemüsebrühe, hefefrei

Weiße Bohnen in einem Kochtopf mit Wasser bedecken und zum Kochen bringen. Hitze reduzieren und bei mittlerer Stufe 90 Minuten kochen. Weiße Bohnen in ein Sieb abgießen, mit kaltem Wasser abschrecken und trockenschütteln.

In der Zwischenzeit den Butternusskürbis halbieren, entkernen und grob würfeln. Karotte und Porree in Scheiben schneiden. Staudensellerie grob stückeln. Sellerie grob würfeln, Grünkohl grob hacken, Zwiebel abziehen und würfeln. Knoblauch abziehen und fein hacken.

Frische sowie getrocknete Tomaten in einen Mixer geben und glatt pürieren.

Kokosöl in einem Topf bei mittlerer Hitze erwärmen und Zwiebel darin glasig anschwitzen. Karotte, Staudensellerie, Sellerie sowie Porree hinzugeben und mitdünsten.

Nach etwa 5 Minuten den Knoblauch hinzugeben und kurz mit andünsten. Einen Teil der Tomaten-Mischung hinzugeben und kurz anschwitzen.

Weiße Bohnen, Butternusskürbis und Thymian dazugeben, mit Gemüsebrühe und der restlichen Tomaten-Mischung ablöschen.

Die Suppe kurz aufkochen und anschließend zugedeckt für etwa 15 Minuten köcheln lassen.

Den Grünkohl dazugeben, mit Gewürzen abschmecken und für weitere 3 Minuten leicht köcheln lassen.

Die Suppe auf Teller verteilen und servieren.

TOPINAMBURSUPPE

416 kcal

Portionen: 4
Vorbereitung: 6 Tage
Zubereitung: 1 Stunde

Topinambur-Chips:
250 g Topinambur
2 TL Olivenöl
1/2 TL Salz
Pfeffer

Suppe:
175 g braune Linsen 8h 3T
300 g Topinambur
300 g Kartoffeln
1 Karotte
1 Zwiebel
1-2 Knoblauchzehen
2 TL Kokosöl
800 ml Gemüsebrühe
1 TL Kurkumapulver
Salz
Pfeffer

Topping:
1 TL Alfalfasamen 6h 6T
Topinambur-Chips
2 EL Kürbiskerne
2 EL Cashew-Creme

Zubereitung Topinambur-Chips:
Backofen auf 200 °C Umluft vorheizen. Topinambur waschen, mit einer Gemüsebürste putzen und in dünne Scheiben schneiden, nicht schälen. In einer Schüssel mit Olivenöl vermischen und die Topinambur-Scheiben auf ein mit Backpapier ausgelegtes Backblech nebeneinander verteilen. Im Backofen etwa 25–30 Minuten backen. Während des Backens etwa nach der Hälfte der Backzeit die Topinambur-Scheiben wenden. Topinambur-Chips aus dem Ofen nehmen, mit Salz und Pfeffer würzen und auskühlen lassen.

Zubereitung Suppe:
Zwiebel abziehen, vierteln und in Scheiben schneiden. Knoblauch abziehen und grob hacken. Topinambur und Kartoffeln waschen, mit einer Gemüsebürste putzen und in 1,5 cm große Würfel schneiden. Karotte waschen und in Scheiben schneiden. Linsensprossen gut waschen und abtropfen lassen.

Kokosöl in einem Topf bei mittlerer Hitze erwärmen und Zwiebel darin glasig anschwitzen. Knoblauch hinzugeben und kurz mitdünsten. Kartoffeln dazugeben und 3–4 Minuten mitdünsten. Eventuell etwas Wasser dazugeben, damit nichts am Boden haftet. Topinambur, Karotte und Kurkuma hinzugeben und kurz mitdünsten. Mit Gemüsebrühe ablöschen, kurz aufkochen lassen und anschließend zugedeckt bei mittlerer Hitze für etwa 15 Minuten köcheln lassen.

Die Suppe mit einem Stabmixer pürieren, mit Salz und Pfeffer abschmecken. Linsensprossen hinzugeben und auf niedriger Stufe für 10 Minuten gar kochen.

Topinambursuppe in tiefe Teller geben, mit Cashew-Creme garnieren und mit Topinambur-Chips, Kürbiskernen und Alfalfa-Microgreens anrichten.

ROTE-BETE-SUPPE

146 kcal

Portionen: 4
Vorbereitung: 6 Tage
Zubereitung: 60 Minuten

1 TL Kressesamen 6T
375 g Rote Bete
1 Lorbeerblatt
1/2 Bio-Orange
1/2 rote Zwiebel
1 cm Stück Ingwer
1 säuerlicher Apfel
300 ml Gemüsebrühe
70 ml Kokosmilch
1/2 EL Olivenöl
1/2 TL Lebkuchengewürz
1/4 TL Kokosblütenzucker
Salz
Pfeffer

Topping:
Kressesamensprossen
15 g Haselnusskerne 8h
2 getrocknete Feigen
1/4 Bund glatte Petersilie

Für das Rezept 30 g Gartenkresse gut waschen und trockenschütteln. Der Rest der Gartenkresse kann weiter keimen und für ein anderes Rezept verwendet werden.

Zwiebel abziehen und fein hacken. Ingwer schälen und würfeln. Apfel vom Kerngehäuse befreien und in kleine Würfel schneiden. Rote Bete waschen, schälen und grob würfeln.

Olivenöl in einem Topf bei mittlerer Hitze erwärmen und Zwiebel sowie Ingwer darin glasig anschwitzen. Rote Bete und Apfel dazugeben und kurz mitdünsten.

Gewürze, Lorbeerblatt, Kokosblütenzucker und Kokosmilch mit Gemüsebrühe dazugeben und unterrühren. Alles kurz aufkochen lassen und anschließend zugedeckt für 30 Minuten bei geringer Hitze köcheln lassen.

Währenddessen die Orange heiß waschen, trocknen und die Schale von 1/4 der Orange fein abreiben und den Saft auspressen.

Für das Topping Haselnüsse grob hacken, in eine Pfanne ohne zusätzliches Fett geben und bei mittlerer Hitze rösten. Dabei häufig mit einem Pfannenwender wenden, da die Haselnüsse leicht verbrennen. Sobald sie kräftig duften, Haselnüsse aus der Pfanne nehmen und abkühlen lassen. Feigen vom Stiel trennen und fein hacken. Petersilie waschen, trocknen und grob hacken. Zusammen mit dem Orangenabrieb Haselnüsse und Feigen in einer kleinen Schüssel vermischen und beiseitestellen.

Lorbeerblatt aus der Suppe entfernen und die Suppe mit einem Stabmixer fein pürieren. Gegebenenfalls Wasser dazugeben, bis die Rote-Bete-Suppe eine cremige Konsistenz hat. Die Rote-Bete-Suppe mit Salz, Pfeffer und Orangensaft abschmecken und in tiefe Teller geben. Petersilie-Nuss-Feigen-Mischung darüber geben und mit Gartenkresse dekorieren.

BOHNENSUPPE MIT ARTISCHOCKENHERZEN

328 kcal

Portionen: 4
Vorbereitung: 8 Tage
Zubereitung: 1,5 Stunde

1 EL Sonnenblumenkerne mit Schale 8h 8T
200 g weiße Bohnen 12h
3 Karotten
2 faustgroße Kartoffeln
1 Zwiebel
1 Knoblauchzehe
1 Glas Artischockenherzen
1 Zucchini
1,5 l Gemüsebrühe
1 EL Kokosöl
Salz
Pfeffer

Weiße Bohnen in einem Kochtopf mit Wasser bedecken und zum Kochen bringen. Hitze reduzieren und bei mittlerer Stufe 90 Minuten kochen. Weiße Bohnen in einem Sieb abgießen, mit kaltem Wasser abschrecken, trockenschütteln und beiseitestellen.

Zwiebel und Knoblauch abziehen und fein würfeln. Karotten schälen und in Scheiben schneiden. Kartoffeln schälen und in ca. 1 cm große Würfel schneiden. Artischockenherzen unter fließendem, kaltem Wasser abspülen, abtropfen lassen und in mundgerechte Stücke schneiden. Sonnenblumen-Microgreens gut waschen und trockenschütteln.

Kokosöl in einem Topf bei mittlerer Hitze erwärmen und Zwiebel darin glasig anschwitzen. Knoblauch hinzugeben und kurz mitdünsten. Kartoffeln und Karotten dazugeben und 3–4 Minuten mitdünsten. Artischockenherzen-Stücke und weiße Bohnen hinzugeben und kurz mitdünsten. Mit Gemüsebrühe ablöschen, kurz aufkochen lassen und anschließend zugedeckt bei mittlerer Hitze für etwa 15 Minuten köcheln lassen.

In der Zwischenzeit Zucchini waschen, das Ende abtrennen und mit dem Spiralschneider in dünne Fäden schneiden.

Die Bohnensuppe mit Salz und Pfeffer abschmecken, in tiefe Teller geben und mit Zucchininudeln anrichten. Sonnenblumen-Microgreens darüber geben und servieren.

LINSEN-KOKOS-CURRY-SUPPE

453 kcal

Tomaten waschen, vierteln, in einen Mixer geben und glatt pürieren. Gemüsebrühe und Kokosmilch in den Mixer hinzugeben, pürieren und beiseitestellen.

Knoblauchzehen abziehen und fein hacken. Zwiebel abziehen und würfeln. Kokosöl in einem Topf bei mittlerer Hitze erwärmen, Zwiebel und Knoblauch darin glasig anschwitzen. Koriander-, Chili-, Curry- und Kurkumapulver in den Topf hinzugeben und kurz anrösten. Linsen gut waschen, abtropfen und kurz im Topf mitdünsten.

Mit der Tomaten-Kokosmilch-Mischung ablöschen, kurz aufkochen lassen und anschließend die Suppe zugedeckt für etwa 15 Minuten köcheln lassen. Mit Salz abschmecken.

Die Suppe auf tiefe Teller verteilen und mit Linsensprossen und Microgreens dekorieren.

Portionen: 4
Vorbereitung: 3 Tage
Zubereitung: 30 Minuten

250 g rote Linsen 4h
4 Tomaten
300 ml Kokosmilch
400 ml Gemüsebrühe
1 TL Kokosöl
1 Zwiebel
2 Knoblauchzehen
1 TL Korianderpulver
1 TL Chilipulver
1 TL Currypulver
1 TL Kurkumapulver
Salz

Topping:
80 g Linsen 8h 3T
1 Handvoll Microgreens
nach Belieben

KALTE SUPPE „OKROSCHKA“

315 kcal

Portionen: 4
Vorbereitung: 5 Tage
Zubereitung: 45 Minuten

150 g Kidneybohnen 12h
2 TL Radieschensamen 6h 5T
2 Kartoffeln, mittelgroß
1 Avocado
1/2 Gurke
4 Radieschen
3 Champignons
3 Frühlingszwiebeln
1/2 Bund Dill
1/4 Bund Petersilie
1/2 TL Senf
2 Datteln
25 g Hanfsamen geschält
1 Knoblauchzehe
100 ml Wasser
750 ml Kanne Brottrunk
Salz (Kala Namak/Schwarzsalz)

Kidneybohnen in einem Kochtopf mit Wasser bedecken und zum Kochen bringen. Hitze reduzieren und bei mittlerer Stufe 90 Minuten kochen. Kidneybohnen in einem Sieb abgießen, mit kaltem Wasser abschrecken, trockenschütteln und beiseitestellen.

Kartoffeln in Bioqualität ungeschält in einem Kochtopf mit Wasser bedeckt 20–30 Minuten abkochen.

Nach dem Kochen Kidneybohnen und Kartoffeln in einem Sieb abgießen, mit kaltem Wasser abschrecken und trockenschütteln. Kartoffeln grob würfeln.

Avocado halbieren, entkernen und eine Avocadohälfte beiseitelegen, die andere Hälfte in feine Würfel schneiden. Gurke und Radieschen waschen, Champignons putzen und alles in feine Würfel schneiden. Frühlingszwiebeln waschen und in feine Ringe schneiden.

Kartoffeln, Bohnen und das geschnittene Gemüse in eine große, tiefe Schüssel geben und miteinander vermengen.

Dill und Petersilie waschen, trockenschütteln und fein hacken.

Knoblauchzehe abziehen und in einen Mixbehälter geben. Avocadohälfte, Senf, Datteln, Hanfsamen, 50 ml Wasser und 1/3 des Brottrunks in den Mixbehälter hinzugeben. Alle Zutaten in einem Standmixer glatt pürieren und anschließend in die Schüssel geben.

Den restlichen Brottrunk und die restlichen 50 ml Wasser zu den vorbereiteten Zutaten dazugeben und alles gut miteinander vermischen. Mit Salz abschmecken. Die gehackten Kräuter darüber verteilen, kurz durchmischen und für eine Stunde in den Kühlschrank stellen.

Die Suppe auf tiefe Teller verteilen und mit Radieschensprossen dekorieren.

Tipp: Okroschka schmeckt richtig kalt am besten. Lass die Suppe vor dem Essen etwa zwei Stunden im Kühlschrank ziehen.

DEFTIGER BAUERNTOPF

340 kcal

Portionen: 4
Vorbereitung: 5 Tage
Zubereitung: 40 Minuten

200 g rote Linsen 4h
350 g Kartoffeln
1 rote Paprikaschote
1 Karotte
1 rote Zwiebel
1 Knoblauchzehe
3 mittelgroße Tomaten
9 Tomatenhälften, getrocknet 15min
350 ml Gemüsebrühe, hefefrei
1 EL Kokosöl
1/4–1/2 TL Koriander
3 Lorbeerblätter
1/4 TL Salz
1/4 TL Pfeffer

Topping:
1 TL Radieschensamen 6h 5T

Kartoffeln schälen und grob würfeln. Karotte waschen, schälen und in Scheiben schneiden. Zwiebel und Knoblauch abziehen und fein hacken. Paprikaschote waschen und grob würfeln. Frische und getrocknete Tomaten (eingeweicht) mit Gemüsebrühe in einen Mixer geben und pürieren.

Kokosöl in einem Topf bei mittlerer Hitze erwärmen und Zwiebel darin glasig anschwitzen. Knoblauch hinzugeben und kurz mitdünsten. Mit Tomaten-Gemüsebrühe-Mischung ablöschen. Kartoffeln, Karotte und Lorbeerblätter hinzugeben, kurz aufkochen lassen und anschließend zugedeckt für etwa 15 Minuten köcheln lassen.

Nach 10 Minuten Kochzeit die eingeweichten Linsen hinzugeben und weiter köcheln lassen. Danach die Paprikastücke dazugeben und weitere 5 Minuten kochen.

Die Lorbeerblätter rausnehmen. Nach Belieben mit Salz, Pfeffer und Koriander abschmecken und auf Schälchen verteilen. Mit Radieschensprossen dekorieren und servieren.

Tipp: Kartoffeln und Karotten in Bioqualität können auch ungeschält verwendet werden. Die Schale enthält viele sekundäre Pflanzen- und Ballaststoffe und entwickelt außerdem einen besonderen Geschmack.

PROTEIN-BOWL

433 kcal

Portionen: 2
Vorbereitung: 6 Tage
Zubereitung: 15 Minuten

1 TL Alfalfasamen 6h, 6T
100 g braune Linsen 8h, 3T
100 g Feldsalat
200 g Lupinen-Tempeh
1 TL Kokosöl
2 EL Cashew-Mayonnaise

Verwendete Rezepte:
Cashew-Mayonnaise S. 45

Für das Rezept 30 g Alfalfa-Microgreens gut waschen und trockenschütteln. Der Rest der Alfalfa-Microgreens kann weiter keimen und für ein anderes Rezept verwendet werden.

Linsensprossen gut waschen und trockenschütteln.

Feldsalat verlesen, gründlich waschen und trockenschleudern. Feldsalat mit den Linsensprossen und Alfalfa-Microgreens in einer Schale anrichten.

Lupinen-Tempeh in 1 cm dicke Scheiben schneiden. Eine Pfanne mit Kokosöl erhitzen. Tempeh-Scheiben hineingeben und für 3-4 Minuten von beiden Seiten anbraten.

Tempeh-Scheiben auf den Salat geben und mit Cashew-Mayonnaise toppen.

QUINOA-BOWL MIT WEISSEN BOHNEN

487 kcal

Portionen: 4
Vorbereitung: 2 Tage
Zubereitung: 1,5 Stunden

150 g Quinoa 2h 2T
200 g weiße Bohnen 8h 3T
100 g Edamame, tiefgefroren
1/2 Zucchini
8 Radieschen, klein
1 Avocado
1 EL Sesam
Salz
Pfeffer

Verwendete Rezepte:
Tahin-Dressing S. 55

Weiße Bohnen in einem Kochtopf mit Wasser bedecken und zum Kochen bringen. Hitze reduzieren und bei mittlerer Stufe 90 Minuten kochen lassen. Anschließend die Bohnen in einem Sieb abgießen, mit kaltem Wasser abschrecken und trockenschütteln.

Edamame auftauen und beiseite stellen.

Gekeimte Quinoa unter fließendem Wasser abspülen und 15 Minuten köcheln lassen. Herd abstellen und 10 Minuten mit geschlossenem Deckel ziehen lassen. Mit einer Gabel leicht auflockern.

Avocado halbieren, entkernen, von der Schale trennen und in Spalten schneiden. Radieschen und Zucchini waschen und ebenfalls in Scheiben schneiden.

Für das Dressing Tahin, Leinöl, Apfelessig und optional Balsamico-Essig mit Wasser in einem Gefäß vermischen. Mit Salz und Pfeffer abschmecken.

Quinoa auf Schalen aufteilen. Bohnen, Gemüse und Avocado auf die Quinoa legen. Das Tahin-Dressing darübergeben und mit Sesam bestreuen.

SÜSSKARTOFFEL-CURRY MIT KICHERERBSEN UND SPINAT

326 kcal

Portionen: 4
Vorbereitung: 3 Tage
Zubereitung: 40 Minuten

150 g Kichererbsen 8h 3T
2 TL Sesamsamen 4h 2T
400 g Süßkartoffeln
400 g Tomaten
1 große Zwiebel
1 Knoblauchzehe
200 g Blattspinat
100 ml Wasser
3 cm Stück frischer Ingwer
2 EL Kokosöl
1 TL Kreuzkümmelsamen
1 Zimtstange
1/2 TL Kurkumapulver
1/4 TL Chilipulver
1 TL Garam Masala
1/2 TL Salz
Pfeffer

Topping:
Sesamsprossen
3 EL Koriandergrün, gehackt

Kichererbsensprossen in einem Kochtopf mit Wasser bedecken und zum Kochen bringen. Hitze reduzieren und bei mittlerer Stufe 30 Minuten kochen. Kichererbsensprossen in einem Sieb abgießen, mit kaltem Wasser abschrecken und trockenschütteln.

In der Zwischenzeit Zwiebel und Knoblauch abziehen und fein würfeln. Ingwer schälen und fein würfeln. Süßkartoffeln schälen und in etwa 1 cm breite Würfel schneiden. Tomaten waschen und grob hacken.

Kokosöl in einem Topf bei mittlerer Hitze erwärmen und Zwiebel darin glasig anschwitzen. Knoblauch, Ingwer, Kreuzkümmel und Zimt dazugeben und mitdünsten, bis die Gewürze duften. Kurkuma und Chili darüber stäuben und kurz mitanrösten. Tomaten unterrühren, mit Salz und Pfeffer abschmecken und offen bei mittlerer Hitze 10 Minuten leicht köcheln lassen, dabei ab und zu umrühren.

Süßkartoffeln und Wasser zum Curry in den Topf geben und alles etwa 20 Minuten garen.

In der Zwischenzeit den Spinat waschen, verlesen und in einem Sieb abtropfen lassen. Die Kichererbsensprossen und den Spinat vorsichtig unter das Curry heben und alles zugedeckt 5 Minuten weiter garen lassen, bis die Kichererbsen heiß sind und der Spinat zusammengefallen ist.

Mit Salz, Pfeffer und Garam Masala abschmecken und mit Koriandergrün sowie Sesamsprossen bestreuen.

Das Curry auf tiefe Schälchen verteilen und servieren.

CHILI CON QUINOA

562 kcal

Weiße Bohnen und Kidneybohnen je in einem Kochtopf mit Wasser bedecken und zum Kochen bringen. Hitze reduzieren und Bohnen bei mittlerer Stufe 90 Minuten kochen. Bohnen in einem Sieb abgießen, mit kaltem Wasser abschrecken und trockenschütteln.

In der Zwischenzeit Zwiebel und Knoblauch abziehen und in Würfel schneiden. Paprikaschote halbieren, entkernen und klein würfeln. Chilischoten waschen, längs aufschlitzen, entkernen und fein hacken.

Tomaten waschen, etwa die Hälfte in grobe Stücke schneiden, die andere Hälfte in einen Mixer geben und pürieren.

Kokosöl in einem Topf bei mittlerer Hitze erwärmen und Zwiebel darin glasig anschwitzen. Knoblauch hinzugeben und kurz mit andünsten. Tomatenstücke, pürierte Tomaten, Quinoa, Paprikastücke und Chilis hinzugeben, mit Gemüsebrühe ablöschen. Mit Kakao und Gewürzen abschmecken. Das Chili kurz aufkochen lassen und anschließend zugedeckt für etwa 10 Minuten köcheln lassen.

Koriander fein hacken und gemeinsam mit weißen Bohnen, Kidneybohnen, Mais und Zitronensaft in den Topf geben. Für weitere 10 Minuten köcheln lassen.

In mittelgroße Schälchen füllen und mit Radieschensprossen dekorieren.

Portionen: 4
Vorbereitung: 5 Tage
Zubereitung: 1,5 Stunden

170 g Quinoa 2h 2T
250 g Kidneybohnen 12h
125 g weiße Bohnen 12h
1 Glas Mais (30 g)
1 EL Kokosöl
1 große Zwiebel
4 Knoblauchzehen
500 g Tomaten, gewürfelt
500 g Tomaten, püriert
375–500 ml Gemüsebrühe
1 grüne Paprikaschote
1–2 Thai-Chilis
2 TL Kakaopulver, ungesüßt

Gewürze:
1/2 TL Cayennepfeffer
1/2 TL Kokosblütenzucker
1 1/2 TL Paprikapulver
2 TL Kreuzkümmel
1/2 TL Korianderpulver
Salz
Pfeffer
1/2 Tasse Koriandergrün
6 EL Zitronensaft

Topping:
1 TL Radieschensamen 6h 5T
1 Avocado (optional)

LINSEN-CURRY

614 kcal

Portionen: 4
Vorbereitung: 5 Tage
Zubereitung: 40 Minuten

1 TL Brokkolisamen 8h 5T
50 g Berglinsen 8h 3T
150 g rote Linsen 4h
350 g Hokkaido-Kürbis
150 g Kartoffeln
4 Karotten
1 Avocado
2 Dosen Kokosmilch
1 Dose geschälte Tomaten
1l Wasser
2 Zwiebeln
2 Knoblauchzehen
4 TL schwarzer Sesam
4 EL Currypulver
1 EL Kokosöl
1–2 TL Salz
2 EL Kokosblütenzucker

Für das Rezept 30 g Brokkoli-Microgreens gut waschen und trockenschütteln. Der Rest der Brokkoli-Microgreens kann weiter keimen und für ein anderes Rezept verwendet werden.

Zwiebeln und Knoblauch abziehen und fein würfeln. Karotten schälen und in dünne Scheiben schneiden. Kürbis und Kartoffeln schälen und in ca. 1 cm große Würfel schneiden.

Kokosöl in einem großen Topf erhitzen und Zwiebeln darin glasig dünsten. Rote Linsen und Knoblauch hinzugeben. Anschließend Currypulver und Kokosblütenzucker beifügen und etwa 1–2 Minuten dünsten.

Kürbis, Kartoffeln sowie Karotten hinzugeben und mit Wasser aufgießen. Geschälte Tomaten hinzugeben und mit einem Kochlöffel zerkleinern. Das Linsencurry etwa 10 Minuten bei mittlerer Hitze köcheln lassen. Mit Salz würzen.

Berglinsen und Kokosmilch hinzugeben und weitere 10 Minuten köcheln lassen. Je nach Bedarf mehr Wasser hinzugießen.

Avocado halbieren, entkernen und in Scheiben schneiden.

Das Curry nochmal mit Salz abschmecken und auf tiefe Schälchen verteilen. Mit Avocadoscheiben sowie Brokkoli-Microgreens dekorieren. Mit schwarzem Sesam bestreuen und servieren.

stone
pure

OFENKARTOFFELN MIT SALAT

478 kcal

Portionen: 2
Vorbereitung: 6 Tage
Zubereitung: 50 Minuten

500 g Babykartoffeln
2 TL Kartoffelgewürz
1 Knoblauchzehe
1 TL Senf
2 TL Ahornsirup (optional)
3 EL Wasser
2 TL Olivenöl
Salz
Pfeffer

Salat:
1 EL Alfalsasamen 6h 6T
150 g Feldsalat
1/2 Gurke
2 EL Mandeln
2 EL schwarze Oliven
Frühlings-Dressing

Verwendete Rezepte:
Frühlings-Dressing S. 54

Für das Rezept 50 g Alfalfa-Microgreens gut waschen und trockenschütteln. Der Rest der Alfalfa-Microgreens kann weiter keimen und für ein anderes Rezept verwendet werden.

Backofen auf 175 °C Umluft vorheizen.

Babykartoffeln waschen und trocknen. Unschöne Stellen an der Schale eventuell mit einem kleinen Messer abkratzen oder herausschneiden. Die Babykartoffeln je nach Größe längs halbieren oder vierteln und in eine Schüssel geben. Knoblauchzehe abziehen und mit einer Knoblauchpresse in die Schüssel zu den Babykartoffeln auspressen. Kartoffelgewürz, Olivenöl, Wasser, Senf, Ahornsirup, Salz und Pfeffer dazugeben und alles gleichmäßig vermengen.

Die Babykartoffeln auf einem mit Backpapier ausgelegten Backblech verteilen und im Ofen bei 175 °C Umluft 30 Minuten backen.

Feldsalat waschen, trockenschleudern und in eine Salatschüssel geben. Gurke waschen und in Scheiben schneiden. Alfalfa-Microgreens und Oliven hinzugeben.

Mandeln grob mit einem Messer hacken und in die Salatschüssel geben.

Alle Zutaten für das Frühlings-Dressing in einen Standmixer geben und glatt pürieren. Das Frühlings-Dressing über den Salat geben und alles vermischen, bis das Dressing gleichmäßig verteilt ist.

Salat auf einer großen Servierplatte verteilen. Die heißen, knusprigen Babykartoffeln auf dem Salatbett anrichten, mit Mandelstücken toppen und servieren.

BURGER-PATTIES AUS ERBSENSPROSSEN

479 kcal

Portionen: 4 (12 Patties)
Vorbereitung: 3 Tage
Zubereitung: 45 Minuten

150 g grüne Erbsen 8h 3T
140 g Sonnenblumenkerne 6h
24 Fladenbrote
2 EL Leinsamen, gemahlen
4 EL Kokosöl, neutral
1 Knoblauchzehe
2 Frühlingszwiebeln
1 EL Paprikapulver
1 TL Salz
1 TL Pfeffer

Belag:
2 Tomaten
1 rote Zwiebel
1/2 Gurke
12 Blätter Lollo bianco
Senf
Ketchup

Verwendete Rezepte:
Ketchup S. 46
Fladenbrot S. 69

Knoblauch abziehen und fein hacken. Frühlingszwiebeln waschen und in etwa 5 mm breite Ringe schneiden.

Erbsensprossen waschen und abtropfen lassen. Sonnenblumenkerne, Erbsensprossen, Leinsamen, Knoblauch, Frühlingszwiebeln, Kokosöl sowie Paprikapulver, Salz und Pfeffer in eine Küchenmaschine geben und gut verarbeiten, bis eine homogene, jedoch nicht zu fein pürierte Masse entsteht. Die Masse in eine Schüssel umfüllen und 5 Minuten ruhen lassen, damit sie etwas quellen kann.

Den Backofen auf 150 °C Ober- und Unterhitze vorheizen. Teigmasse auf einem mit Backpapier ausgelegtem Backblech zu 1,5 cm dicken Patties formen. Das Backblech auf die mittlere Ebene des Ofens schieben und die Patties für 30 Minuten backen.

Für den Belag Zwiebel abziehen und in feine Scheiben schneiden. Salat waschen und trockenschleudern. Tomaten und Gurke waschen und in feine Scheiben schneiden. Das Fladenbrot mit Gemüse sowie Salat belegen, das Pattie darauf drapieren und mit Ketchup und Senf bestreichen. Ein Fladenbrot als Deckel für den Burger obendrauf legen.

Tipp: Die Burger-Patties aus Erbsensprossen können als Beilage wunderbar mit Salat kombiniert werden.

FALAFEL

391 kcal

Portionen: 3 (18 Falafel)
Vorbereitung: 3 Tage
Zubereitung: 50 Minuten

150 g Kichererbsen 8h 3T
60 g Mandeln, gemahlen
1 EL Sesamsamen 8h
1 Bund Petersilie
2 Knoblauchzehen
2 Frühlingszwiebeln
6 EL Limettensaft
1 EL Olivenöl
3 TL Leinsamen, gemahlen
1 TL Kreuzkümmel
1/2 TL Salz
1/2 TL Pfeffer

Kichererbsensprossen in einem Sieb waschen und abtropfen lassen.

In der Zwischenzeit Knoblauch abziehen und fein hacken. Frühlingszwiebeln und Petersilie waschen und ebenfalls fein hacken.

Kichererbsensprossen in eine Küchenmaschine geben und verarbeiten, bis eine körnige Masse entsteht. Es sollten noch kleine Stückchen vorhanden sein.

Die Masse in eine Schüssel umfüllen, die restlichen Zutaten dazugeben und gut vermischen. Die Masse 5 Minuten ruhen lassen, damit sie etwas quellen kann.

Den Backofen auf 150 °C Ober- und Unterhitze vorheizen. Ein Backblech mit Backpapier auslegen. Hände mit Wasser befeuchten und aus der Teigmasse etwa walnussgroße Bällchen formen. Die Bällchen auf das Backblech legen und leicht andrücken. Das Backblech auf die mittlere Ebene des Ofens schieben und die Falafel etwa 30 Minuten backen. Nach 15 Minuten Backzeit Falafel wenden.

Tipp: Am besten schmecken Falafel, wenn sie mit Hummus (S. 63) und frischem Gemüse oder Salat serviert werden.

AVOCADO-WRAP AUS BUCHWEIZENSPROSSEN

654 kcal

Portionen: 2 (4 Wraps)
Vorbereitung: 6 Tage
Zubereitung: 1 Stunde

Wrap:
150 g Buchweizenkörner 0.5h 1T
250 ml Wasser
1 TL Kurkuma
1/2 TL Salz

2 TL Kokosöl

Paste:
75 g Kichererbsen 8h 3T
30 g Cashewkerne 8h
1 Knoblauchzehe
1 EL Apfelessig
1 TL Leinöl
1 TL Ahornsirup
2 EL Sojasaoße
1/2 TL Korianderpulver
1/2 TL Kurkumapulver
1 TL Senf
Salz
Pfeffer

Füllung:
2 TL Alfalfasamen 8h 6T
Chilipulver
50 g Rucola
1 große Tomate
1/2 Avocado

Kichererbsensprossen in einem Kochtopf mit Wasser bedecken und zum Kochen bringen. Hitze reduzieren und bei mittlerer Stufe 30 Minuten kochen. Kichererbsensprossen in einem Sieb abgießen, mit kaltem Wasser abschrecken und trockenschütteln.

Teigzubereitung: Buchweizensprossen, Kurkuma, Salz und Wasser in einen Standmixer geben und glatt pürieren. Die Teigmasse für 10 Minuten ruhen lassen.

Eine beschichtete Pfanne bei mittlerer Hitze erwärmen und mit etwas Kokosöl leicht einpinseln. Der Teig darf nicht im Öl schwimmen. Etwas Teig mit einer Kelle in die Pfanne geben. Die Pfanne kurz vom Herd nehmen und den Teig mit kreisenden Bewegungen verteilen. Die Wraps ca. 3-5 Minuten pro Seite backen, bis sich keine Blasen mehr bilden und sich der Rand abhebt. Zwei Wraps ausbacken, dann die Pfanne erneut mit etwas Kokosöl leicht einpinseln und die nächsten Wraps ausbacken.

Pastenzubereitung: Alle Zutaten für die Paste in einen Standmixer geben und pürieren, bis eine homogene Masse entsteht. Gegebenenfalls die Masse mit einem Spatel vom Gefäßrand lösen. Mit Salz und Pfeffer abschmecken.

Füllung: Avocado halbieren, entkernen und in Scheiben schneiden. Tomate waschen und in Scheiben schneiden. Rucola waschen und trockenschleudern.

Etwa 2 Esslöffel Kichererbsen-Paste in die Mitte des Wraps geben und längs verstreichen. Tomate, Avocado, Alfalfasprossen und Rucola nacheinander drapieren.

Ein Ende des Wraps einschlagen, aufrollen und dabei mit den Fingern fest zusammendrücken.

14:28
REZEPTE

BURRITOS MIT SPROSSEN

360 kcal

Portionen: 4
Vorbereitung: 6 Tage
Zubereitung: 1,5 Stunden

1 TL Alfalfasamen 6h 6T
100 g weiße Bohnen 12h
4 Tortillas, glutenfrei
1 große Avocado
80 g Rucola
1/2 Bund Schnittlauch
4 EL Cashew-Mayonnaise

Verwendete Rezepte:
Cashew-Mayonnaise S. 45

Weiße Bohnen in einer Schüssel mit Wasser für 12 Stunden einweichen. Anschließend das Einweichwasser abgießen und die weißen Bohnen gut durchspülen.

Weiße Bohnen in einem Kochtopf mit Wasser bedecken und zum Kochen bringen. Hitze reduzieren und bei mittlerer Stufe 90 Minuten kochen. Weiße Bohnen in einem Sieb abgießen, mit kaltem Wasser abschrecken, trockenschütteln und beiseitestellen.

Für die Füllung Avocado halbieren, entkernen und in Scheiben schneiden. Rucola, Schnittlauch und Alfalfasprossen gut waschen und trockenschleudern.

Tortilla mit je einem Esslöffel Cashew-Mayonnaise bestreichen. Rucola, Avocado, Alfalfasprossen, Schnittlauch und weiße Bohnen nacheinander drapieren.

Tortilla von links und rechts einschlagen, aufrollen und dabei mit den Fingern fest zusammendrücken. In der Mitte durchschneiden und genießen.

GEFÜLLTE SPROSSENPFANNKUCHEN

400 kcal

Portionen: 4
Vorbereitung: 5 Tage
Zubereitung: 1 Stunde

1 EL Brokkolisamen 8h 5T
120 g Buchweizenmehl
300 g Austernpilze
1 Avocado
1/2 Gurke
200 ml Mandelmilch, selbstgem.
1 EL gemahlene Leinsamen
1 TL Backpulver
2 TL Kokosöl
4 EL Cashew-Mayonnaise
Salz

Topping:
2 TL Rettichsamen 6h 5T
30 g Buchweizen-körner 0,5h 2Tn
1 Handvoll Haselnüsse
1 EL schwarzer Sesam

Verwendete Rezepte:
Cashew-Mayonnaise S. 45
Nussmilch S. 39

Frisch gemahlene Leinsamen mit ca. 4 EL Wasser in einer kleinen Schüssel vermengen und für 10 Minuten eindicken lassen.

Teigzubereitung: Brokkoli-Microgreens mit Mandelmilch in einen Mixer geben und 20–30 Sekunden fein pürieren. Buchweizenmehl, Backpulver, Salz und die eingedickten Leinsamen hinzugeben und glatt pürieren.

Eine beschichtete Pfanne bei mittlerer Hitze erwärmen und mit etwas Kokosöl leicht einpinseln. Der Teig darf nicht im Öl schwimmen. Etwas Teig mit einer Kelle in die Pfanne geben. Die Pfanne kurz vom Herd nehmen und den Teig mit kreisenden Bewegungen verteilen. Die Sprossenpfannkuchen ca. 2-3 Minuten pro Seite backen, bis sich keine Blasen mehr bilden und sich der Rand abhebt. Die Menge ergibt ca. 4-6 Stück, je nach Pfannengröße und Dicke der Pfannkuchen.

Füllung: Austernpilze putzen und kurz in der Pfanne anbraten. Avocado halbieren, Kern entfernen, das Fruchtfleisch mit einem Esslöffel aus der Schale heben und in Scheiben schneiden. Gurke waschen und mit einem Sparschäler in breite Streifen schneiden. Buchweizensprossen und Rettich-Microgreens waschen und trockenschütteln. Haselnüsse grob mit einem Messer hacken.

Sprossenpfannkuchen mit je 1 EL Cashew-Mayonnaise bestreichen. Avocadoscheiben, Austernpilze und Gurkenstreifen nacheinander drapieren und einklappen. Mit Buchweizensprossen und Rettich-Microgreens, schwarzem Sesam und Haselnussstücken toppen.

SUSHI

414 kcal

Rundkornreis in einem Sieb so lange kalt abspülen, bis das ablaufende Wasser klar ist. Den Reis mit 500 ml Wasser in einen Topf geben und offen zum Kochen bringen. 2 Minuten offen kochen, dann zugedeckt 30 Minuten bei niedriger Temperatur kochen lassen. Anschließend den Reis 10 Minuten auf der ausgeschalteten Herdplatte quellen lassen.

Reisessig mit Ahornsirup und Salz bis kurz vor dem Kochen erwärmen, dabei rühren, bis sich Ahornsirup und Salz aufgelöst haben. Reis in eine Schüssel geben, etwas ausbreiten, damit er schneller abkühlt, und mit der Essig-Mischung nach Geschmack würzen. Vollständig auskühlen lassen. Sushi-Reis bis zur Weiterverarbeitung mit einem feuchten Küchentuch abdecken.

In der Zwischenzeit das Gemüse in Streifen schneiden. Ein Nori-Blatt mit der rauen Seite nach oben auf eine Bambusmatte legen und mit angefeuchteten Fingern eine dünne Lage Reis darauf verteilen. Auf der oberen Seite einen 1 cm Rand frei lassen.

Sesam auf den Reis streuen. Ein paar Gemüsestreifen und Radieschensprossen darauf verteilen. Die Bambusmatte aufrollen, dabei die Füllung mit den Fingerspitzen in die Rolle hineindrücken. Sobald die Rolle stabil ist, die Matte wegnehmen und nur mit den Fingern weiter aufrollen. Den Rand mit Wasser verkleben.

Die Rolle mit einem sehr scharfen Messer in 4 bis 6 Stücke schneiden. Sojasoße, Wasabi und eingelegten Ingwer zum Sushi servieren.

Portionen: 4
Vorbereitung: 5 Tage
Zubereitung: 1 Stunde

250 g Rundkornreis, natur 12h
2 TL Radieschensamen 6h 5T
100 ml Jap. Reisessig (Su)
1 EL Ahornsirup
1/2 TL Salz
4 Nori-Blätter

Belag:
1/4 Gurke
25 g eingelegter Rettich
1 kleine Karotte
1 Knolle Rote Bete
1 Spitzpaprika
1 Avocado
2 TL Wasabi-Pulver
50 g Sesamsamen
60 g eingelegter Ingwer
80 ml Sojasoße

SPROSSEN-SOMMERROLLEN

602 kcal

Portionen: 2
Vorbereitung: 6 Tage
Zubereitung: 45 Minuten

1 EL Rettichsamen 6h 5T
1 EL Alfalfasamen 6h 6T
12 Blätter Reispapier
100 g Reisnudeln
1 Kohlrabi
1 Mini-Gurke
12 Salatblätter Lollo bianco

Erdnuss-Dip:
80 ml Mandelmilch, selbstgem.
2 EL Erdnussmus
2 EL Hoisinsoße
1 EL Sojasoße
1 EL Ahornsirup

Verwendete Rezepte:
Nussmilch S. 39

Für das Rezept 50 g Rettich-Microgreens und 100 g Alfalfa-Microgreens gut waschen und trockenschütteln. Der Rest der Microgreens kann weiter keimen und für ein anderes Rezept verwendet werden.

Für den Erdnuss-Dip alle Zutaten in einen Mixer geben und glatt pürieren. Anschließend in eine kleine Schale umfüllen und beiseitestellen.

Kohlrabi schälen und in dünne Stifte schneiden. Gurke waschen und in Stifte schneiden. Die Salatblätter zupfen, waschen, putzen und trockenschleudern. Reisnudeln nach Packungsanleitung kochen und beiseitestellen.

Wasser in einen flachen Teller geben, ein Reispapier gleichmäßig mit Wasser bedecken und für 30–40 Sekunden einweichen lassen. Leicht schütteln, damit das überschüssige Wasser abtropft. Auf einem Teller oder Schneidebrett bereitlegen.

In der Mitte des Reispapiers das Salatblatt, Rettich-Microgreens, Reisnudeln, Alfalfa-Microgreens, Kohlrabi- und Gurkenstifte schichten. Zunächst die Ränder des Reispapiers von zwei Seiten zur Mitte einschlagen, den unteren Teil nach vorne bringen und mit dem Daumen nach vorne rollen, bis die Rolle stabil ist. Alle Reispapierblätter auf diese Weise einweichen, belegen und einrollen.

Die Sprossen-Sommerrollen entweder halbieren oder am Stück mit Sesam garnieren und mit dem Erdnuss-Dip servieren.

Tipp: Du kannst einfach dein Lieblingsgemüse oder Restgemüse als Füllung verwenden. Die Erdnusssoße eignet sich nicht nur als Dip, sie rundet auch Salate oder Reispfannen ab.

PIZZA AUS HAFERSPROSSEN

544 kcal

Portionen: 2
Vorbereitung: 3 Tage
Zubereitung: 45 Minuten

Boden:
150 g Nackthaferkörner 1h 3T
1 TL Backpulver
1 TL Apfelessig
1 EL Olivenöl
1 Prise Salz

Belag:
3 Champignons
1 Tomate
1/4 Brokkoli
1 Frühlingszwiebel
6 EL Ketchup
8 EL Schmelzkäse

Verwendete Rezepte:
Ketchup S. 46
Schmelzkäse S. 49

Nackthafersprossen gründlich waschen und trockenschütteln. Apfelessig, Backpulver, Nackthafersprossen, Olivenöl und Salz in eine Küchenmaschine geben und zu einer homogenen Masse verarbeiten.

Den Ofen auf 150 °C vorheizen. Backblech mit Backpapier auslegen, die Teigmasse gleichmäßig darauf geben (etwa 5 mm dick) und glattstreichen. Den Pizzaboden für 20 Minuten in den Ofen schieben.

In der Zwischenzeit das Gemüse waschen, putzen und in kleine Stücke schneiden. Frühlingszwiebel waschen und in dünne Ringe schneiden.

Den Pizzateig aus dem Ofen nehmen, mit Ketchup bestreichen und mit Gemüse belegen. Die Pizza für weitere 15 Minuten in den Backofen geben.

Pizza auf einem großen Teller servieren und Schmelzkäse darübergeben.

PIZZA AUS BUCHWEIZENSPROSSEN

560 kcal

Rote Bete schälen und raspeln. Buchweizensprossen, Rote Bete, Kokosöl, Apfelessig, Backpulver und Salz in einen Mixer geben und zu einer homogenen Masse verarbeiten.

Den Ofen auf 150 °C vorheizen. Backblech mit Backpapier auslegen, die Teigmasse gleichmäßig darauf geben (etwa 5 mm dick) und glattstreichen. Den Pizzaboden für 20 Minuten in den Ofen schieben.

Für den Belag Gemüse putzen, die Zucchini in Scheiben schneiden, das faserige Ende vom Spargel entfernen und die Frühlingszwiebel in dünne Ringe schneiden.

Den Pizzateig aus dem Ofen nehmen, mit Ketchup bestreichen, mit Gemüse belegen und mit Pinienkernen bestreuen. Die Pizza für weitere 15 Minuten in den Ofen geben.

Pizza auf einem großen Teller servieren und Schmelzkäse darübergeben.

Tipp: Nach dem Backen kann die Pizza mit frischen Kräutern, zum Beispiel mit gehacktem Dill, verfeinert werden.

Portionen: 2
Vorbereitung: 2 Tage
Zubereitung: 45 Minuten

Boden:
140 g Buchweizenkörner 0,5h 2T
1 Knolle Rote Bete
1 TL Apfelessig
4 TL Kokosöl
1 TL Backpulver
1/4 TL Salz

Belag:
8 Stangen Spargel
65 g Zuckerschoten
1 Frühlingszwiebel
1/4 Zucchini
1 EL Pinienkerne
6 EL Ketchup
8 EL Schmelzkäse

Verwendete Rezepte:
Ketchup S. 46
Schmelzkäse S. 49

BRAUNE LINSEN MIT BUNTEM GEMÜSE

475 kcal

Portionen: 2
Vorbereitung: 3 Tage
Zubereitung: 30 Minuten

Linsen:

200 g braune Linsen 8h 3T
2 EL Sesamsamen 4h 2T
2 Knoblauchzehen
2 Lorbeerblätter
1/4 TL Salz
4 EL Balsamico-Essig
1 TL Olivenöl

Gemüse:

1 Zucchini
1/2 Paprikaschote
1 rote Zwiebel
2 Karotten
1 Knolle Rote Bete
2 TL Kokosöl
1/4 TL Salz
Pfeffer

Topping:

Sesamsprossen

In einem großen Topf Wasser zum Kochen bringen. Linsensprossen, Lorbeerblätter und Salz hinzugeben. Knoblauch in eine Presse geben und hinzufügen. Etwa 10 Minuten bei mittlerer Hitze köcheln lassen, bis das Wasser verkocht ist und die Linsen bissfest gegart sind. Den Topf vom Herd nehmen und mit Balsamico-Essig und Olivenöl vermengen.

Zucchini, Paprikaschote und Rote Bete waschen und putzen, anschließend alles in kleine Stücke schneiden. Zwiebel und Karotten schälen und fein würfeln.

Kokosöl in einer beschichteten Pfanne erhitzen und das Gemüse bei mittlerer Hitze etwa 5 Minuten andünsten.

Das Gemüse vorsichtig unter die Linsen heben und mit Salz und Pfeffer abschmecken.

Mit Sesamsprossen bestreuen und servieren.

KÜRBIS-MAC'N'CHEESE

657 kcal

Portionen: 4
Vorbereitung: 6 Tage
Zubereitung: 40 Minuten

- 2 TL Senfsamen 6T
- 100 g Cashewkerne 2h
- 500 g glutenfreie Pasta
- 180 g Hokkaido-Kürbis
- 100 g Kartoffeln
- 100 g Karotten
- 400 ml Wasser
- 3-4 EL Hefeflocken
- 3 Knoblauchzehen
- 2 EL Zitronensaft
- 1 TL Salz
- 1 Prise Pfeffer

Cashewkerne in einer Schüssel mit Wasser für 15 Minuten einweichen. Anschließend das Einweichwasser abgießen und die Cashewkerne gut durchspülen.

Für das Rezept 30 g Senf-Microgreens gut waschen und trockenschütteln. Der Rest der Senf-Microgreens kann weiter keimen und für ein anderes Rezept verwendet werden.

Kartoffeln und Karotten schälen, in grobe Stücke schneiden und in einem Kochtopf mit Wasser bedeckt 15–20 Minuten abkochen und im Anschluss abgießen.

Hokkaido-Kürbis mit Schale in 2–3 cm dicke Spalten schneiden und auf einem Backblech verteilen. Im Backofen bei 200 °C Umluft ca. 20 Minuten backen, bis der Kürbis weich ist. Die Kürbisspalten zwischendurch wenden und nach dem Backen auskühlen lassen.

Für das Kürbis-Mac'n'Cheese Knoblauch abziehen und mit Cashewkernen, Karotten, Kartoffeln, Kürbis, Zitronensaft, Hefeflocken, Salz, Pfeffer und Wasser in einen Standmixer geben und glatt pürieren.

Glutenfreie Pasta in Salzwasser nach Packungsanweisung bissfest kochen. Das Nudelwasser abgießen und die Pasta eiskalt abschrecken. Die fertige Pasta im Topf sofort großzügig mit der Kürbis-Soße vermischen, mit Senf-Mikrogreens dekorieren und servieren.

PESTO-PASTA

603 kcal

Portionen: 4
Vorbereitung: 5 Tage
Zubereitung: 15 Minuten

1 TL Radieschen-samen 6h 5T
30 g Pinienkerne
500 g glutenfreie Pasta
100 g Basilikum-Spinat-Pesto

Verwendete Rezepte:
Basilikum-Spinat-Pesto S. 42

Für das Rezept 30 g Radieschen-Microgreens gut waschen und trockenschütteln. Der Rest der Radieschen-Microgreens kann weiter keimen und für ein anderes Rezept verwendet werden.

Glutenfreie Pasta in Salzwasser nach Packungsanweisung bissfest kochen. Zum Basilikum-Spinat-Pesto passen Tagliatelle, Spaghetti oder Penne besonders gut.

Pinienkerne in eine Pfanne ohne zusätzliches Fett geben und bei mittlerer Hitze rösten. Dabei häufig mit einem Pfannenwender wenden, da die Kerne leicht verbrennen. Sobald sie bräunen und kräftig duften, Pinienkerne aus der Pfanne nehmen und abkühlen lassen.

Das Nudelwasser abgießen und die Pasta eiskalt abschrecken. Die fertige Pasta im Topf sofort großzügig mit dem Spinat-Pesto vermischen.

Die Pesto-Pasta auf Teller verteilen und mit Radieschen-Microgreens sowie mit gerösteten Pinienkernen dekorieren und servieren.

Tipp: Die Zutaten Basilikum und Spinat kannst du beliebig mit verschiedenen Kräutern wie Bärlauch, Minze oder Rucola austauschen. So hast du ein schnelles Pesto-Rezept mit viel Abwechslung.

SPAGHETTI MIT CASHEWSAUCE

665 kcal

Portionen: 4
Vorbereitung: 3 Tage
Zubereitung: 30 Minuten

65 g Mungbohnen 8h 3T
160 g Cashewkerne 2h
400 g Vollkornreis-Spaghetti
200 g Shiitake-Pilze
200 ml Wasser
2–3 Knoblauchzehen
1 TL Gemüsebrühepulver
1 TL Kokosöl
1 Prise Pfeffer

Cashewkerne in einer Schale mit Wasser für 8 Stunden einweichen. Anschließend das Einweichwasser abgießen und die Cashewkerne gut durchspülen.

Vollkornreis-Spaghetti in Salzwasser nach Packungsanweisung bissfest kochen.

Knoblauchzehen abziehen, Shiitake-Pilze putzen und in mundgerechte Stücke schneiden. Mungbohnensprossen gut waschen und trockenschütteln.

Cashewkerne, Knoblauchzehen, Gemüsebrühepulver, Pfeffer und Wasser in einen Hochleistungsmixer geben und glatt pürieren.

Eine Pfanne mit Kokosöl erhitzen, Shiitake-Pilze hineingeben und für 5 Minuten anbraten.

Das Nudelwasser abgießen und die Spaghetti eiskalt abschrecken. Die fertigen Spaghetti im Topf sofort großzügig mit der Cashew-Soße vermischen.

Spaghetti auf Tellern verteilen und mit Shiitake-Pilzen sowie Mungbohnensprossen toppen und servieren.

PASTA POMODORO

335 kcal

Portionen: 2
Vorbereitung: 6 Tage
Zubereitung: 30 Minuten

2 TL Senfsamen 6T
250 g glutenfreie Pasta
250 g Tomaten
1 Zwiebel
3 Knoblauchzehen
1 TL Kokosöl
1 Glas Bio-Tomatenstücke (400g)
1 TL Salz
2 EL Pinienkerne

Für das Rezept 60 g Senf-Microgreens gut waschen und trockenschütteln. Der Rest der Senf-Microgreens kann weiter keimen und für ein anderes Rezept verwendet werden.

Zwiebeln und Knoblauch abziehen und fein würfeln. Tomaten waschen und in grobe Stücke schneiden. Kokosöl in einer Pfanne erhitzen und Zwiebel und Knoblauch bei mittlerer Hitze darin glasig dünsten. Frische Tomatenstücke hinzugeben und weiter braten, bis die Tomatenstücke weich werden. Anschließend Bio-Tomatenstücke aus dem Glas unterrühren, Salz hinzugeben und alles offen bei schwacher Hitze ca. 20 Min. ganz leicht köcheln und damit einkochen lassen. Dabei gelegentlich umrühren.

Pinienkerne in eine Pfanne ohne zusätzliches Fett geben und bei mittlerer Hitze rösten. Dabei häufig mit einem Pfannenwender wenden, da die Kerne leicht verbrennen. Sobald sie bräunen und kräftig duften, Pinienkerne aus der Pfanne nehmen und abkühlen lassen.

Glutenfreie Pasta in Salzwasser nach Packungsanweisung bissfest kochen. Zur Tomatensoße passen Orecchiette, Spaghetti oder Penne besonders gut.

Das Nudelwasser abgießen und die Pasta eiskalt abschrecken. Die fertige Pasta mit der Tomatensoße direkt in der Pfanne vermischen.

Die Pasta mit Tomatensoße auf Teller verteilen und mit Senf-Microgreens sowie mit gerösteten Pinienkernen dekorieren und servieren.

ZUCCHINI-SPAGHETTI MIT PARMESAN

400 kcal

Für die Nudeln Zucchini waschen und putzen. Zucchini mit einem Spiralschneider in Streifen schneiden.

Zum Garnieren Walnüsse in einer Pfanne etwa 2 Minuten anrösten, anschließend grob mit einem Messer hacken.

Für die Soße Paprikaschoten halbieren, entkernen, gründlich waschen und in kleine Würfel schneiden. Zwiebeln abziehen und fein hacken. Tomaten waschen und würfeln. Getrocknete Tomaten ebenfalls würfeln.

Olivenöl in einer Pfanne bei mittlerer Temperatur erhitzen. Zwiebeln und Paprikastücke darin etwa 3–4 Minuten anschwitzen. Gewürfelte Tomaten sowie getrocknete Tomaten, Kokosblütenzucker und Oregano hinzugeben und unter ständigem Rühren für etwa eine halbe Minute dünsten. Mit Salz und Pfeffer würzen.

Zucchini-Nudeln in die Pfanne hinzugeben und mit der Soße vermengen.

Auf Tellern anrichten, mit gehackten Walnussstückchen, Sesamsamen und Parmesan bestreuen.

Portionen: 2
Vorbereitung: 6 Stunden
Zubereitung: 15 Minuten

40 g Walnusskerne 6h
2 TL Sesamsamen 6h
2 rote Paprikaschoten
2 rote Zwiebeln
10 g Tomaten, getrocknet 15min
2 TL Olivenöl
2 Tomaten
1/2 TL Kokosblütenzucker
2 TL getr. Oregano
2 EL Parmesan
1/2 TL Salz
Pfeffer

Nudeln:
2 Zucchini

Verwendete Rezepte:
Parmesan S. 50

ERDNUSS-REIS-PFANNE

367 kcal

Portionen: 4
Vorbereitung: 3 Tage
Zubereitung: 45 Minuten

200 g Basmatireis, natur 1T
50 g Mungbohnen 8h 3T
2 EL Sesamsamen 8h
100 g Kaiserschoten
1/2 Stange Porree
1/2 mittelgroße Karotte
50 g Bambussprossen
50 g Shiitake-Pilze, alternativ Champignons
100 g grüne Erbsen
50 g Pastinaken
1/2 Paprikaschote
1 1/2 EL geröstete Erdnüsse
1 TL Kokosöl
1/2 TL Salz
Pfeffer
Chilipulver

Soße:
1 1/2 EL Erdnussmus
3 EL Sojasoße
100 ml Wasser
2 Knoblauchzehen
20 g Ingwer
1/2 TL Salz
Pfeffer
Chilipulver

Basmatireis in einem Sieb so lange kalt abspülen, bis das Wasser klar ist. Den Reis mit 400 ml Wasser in einen Topf geben und offen zum Kochen bringen. 2 Minuten offen kochen, dann zugedeckt 20 Minuten bei niedriger Temperatur köcheln lassen. Anschließend den Reis 10 Minuten auf der ausgeschalteten Herdplatte quellen lassen.

In der Zwischenzeit für die Soße Erdnussmus, Sojasoße und Wasser im Glas vermengen, Knoblauch und Ingwer durch eine Knoblauchpresse drücken. Mit Salz, Pfeffer und Chilipulver abschmecken und beiseitestellen.

Kaiserschoten, Paprikaschote und Porree waschen und klein schneiden. Shiitake-Pilze putzen und klein würfeln. Karotte und Pastinaken schälen und grob raspeln.

Kokosöl in einer beschichteten Pfanne erhitzen. Alle Hauptzutaten (außer Reis) in die Pfanne geben und für 5 Minuten andünsten. Die Hitze auf niedrige Stufe reduzieren, die Soße über das Gemüse gießen und gut vermengen, bis die Soße gleichmäßig verteilt ist und sich verflüssigt. 5 Minuten ziehen lassen.

Den gekochten Reis auf einem Teller portionieren, mit dem Pfannengemüse und Sesamsamen garnieren und servieren.

ONE PAN QUINOA

443 kcal

Portionen: 4
Vorbereitung: 12 Stunden
Zubereitung: 1 Stunde

170 g Quinoakörner 💧8h
200 g schwarze Bohnen 💧12h
2 TL Kokosöl
2 Knoblauchzehen
1 Peperoni
180 ml Gemüsebrühe, hefefrei
40 g Tomaten, getrocknet 💧15min
4 EL frischer Limettensaft
1 Avocado
2 EL frische Basilikumblätter
1/4 TL Chilipulver, optional
1/2 TL Kreuzkümmelpulver
1/4 TL Salz
Pfeffer

Schwarze Bohnen in einem Kochtopf mit Wasser bedecken und zum Kochen bringen. Hitze reduzieren und Bohnen bei mittlerer Stufe 90 Minuten kochen. Bohnen in ein Sieb abgießen, mit kaltem Wasser abschrecken und trockenschütteln.

Avocado halbieren, entkernen und in Würfel schneiden. Knoblauch abziehen und würfeln. Peperoni waschen, längs aufschlitzen, entkernen und fein hacken. Getrocknete Tomaten in Streifen schneiden. Basilikumblätter grob hacken.

Kokosöl in einer beschichteten Pfanne bei mittlerer Hitze erwärmen. Knoblauch und Peperoni hinzugeben und 1 Minute bei gelegentlichem Rühren dünsten.

Quinoa, getrocknete Tomaten, Chilipulver und Kreuzkümmelpulver in die Pfanne geben. Mit Gemüsebrühe ablöschen und mit Salz und Pfeffer würzen. Aufkochen, Hitze reduzieren und auf niedriger Stufe zugedeckt etwa 10 Minuten köcheln lassen, bis die Quinoa gar ist. Schwarze Bohnen in die Pfanne hinzugeben und unterrühren.

Vor dem Servieren Avocado, Limettensaft und Basilikum unterheben.

NACHTISCH

BANANENBROT

343 kcal

Portionen: 12 Scheiben
Zubereitung: 1 Stunde

360 g Buchweizenmehl
1 EL Leinsamen, frisch gemahlen
4 reife Bananen, eine davon zur Deko
200 g Kokosblütenzucker
200 ml Mandelmilch, selbstgemacht
220 ml Kokosöl
2 EL Backpulver
1 TL Salz
1 TL Zimt

Verwendete Rezepte:
Nussmilch S. 39

Frisch gemahlene Leinsamen mit ca. 4 EL Wasser in einer kleinen Schüssel vermengen und für 10 Minuten quellen lassen.

Den Backofen auf 175 °C Ober- und Unterhitze vorheizen.

Buchweizenmehl, Kokosblütenzucker, Backpulver, Salz und Zimt in einer Schüssel vermengen.

Kokosöl in eine backfeste Schale geben und kurz im Ofen schmelzen lassen.

3 Bananen, Kokosöl und die aufgequollenen Leinsamen mit der selbstgemachten Mandelmilch in den Mixer geben und glatt pürieren. Die flüssige Mischung zu den trockenen Zutaten für den Teig geben und gut verrühren.

Kastenform mit Backpapier auslegen, den Teig gleichmäßig darin verteilen und glatt streichen. Die übrige Banane der Länge nach halbieren und auf die Teigoberfläche legen. Das Bananenbrot im vorgeheizten Backofen bei 175 °C für etwa 45 Minuten backen.

Nach dem Backen das Bananenbrot in der Kastenform 10 Minuten abkühlen lassen und anschließend aus der Form heben. Vor dem Anschneiden komplett auskühlen lassen.

Tipp: Statt Buchweizenmehl kann dieselbe Menge Haferflocken verwendet werden.

CASHEW-CREME MIT HIMBEERSOSSE

410 kcal

Cashewkerne in einer Schale mit Wasser für 8 Stunden einweichen. Anschließend das Einweichwasser abgießen und die Cashewkerne gut durchspülen.

Für die Himbeersoße tiefgekühlte Himbeeren in einem kleinen Topf auf mittlerer Stufe erhitzen und 2 Minuten köcheln lassen, bis sie weich sind. Himbeersoße beiseitestellen und abkühlen lassen.

Cashewkerne, Zimt und Medjool-Datteln mit Pflanzenmilch in einen Hochleistungsmixer geben. Für 1–2 Minuten glatt pürieren, bis eine feine Creme entsteht.

Cashew-Creme in Schüsseln geben und Himbeersoße darübergießen. Mit frischen Himbeeren und Nuss-Granola toppen.

Portionen: 6 Portionen
Vorbereitung: 8 Stunden
Zubereitung: 15 Minuten

350 g Cashewkerne 2h
400 ml pflanzliche Milch
3 Medjool-Datteln, entkernt
250 g Himbeeren, tiefgekühlt
100 g Himbeeren, frisch
1/4 TL Zimt

Verwendete Rezepte:
Nussmilch S. 39
Nuss-Granola S. 89

ROHKOST-BROWNIES

133 kcal

Portionen: 24 Brownies
Vorbereitung: 8 Stunden
Zubereitung: 30 Minuten

Teig:
300 g Walnüsse 6h
100 g Datteln
50 g Rosinen
3 EL Kakao
1 cm Vanilleschote

Topping:
5 Datteln 0,5h
50 g Kokosöl
20 g Kakao
50 ml Wasser
15 g Kokosraspeln

Alle Zutaten für den Teig bis auf die Rosinen in eine Küchenmaschine geben und verrühren, bis eine körnige Konsistenz entsteht. Die Walnüsse sollten noch grob und stückig sein. Gegebenenfalls die Küchenmaschine ausschalten und die Masse mit einem Spatel vom Gefäßrand lösen. Anschließend Rosinen hinzugeben und vermengen.

Eine Form (ca. 17 x 28 cm) mit Backpapier auslegen. Den Teig gleichmäßig in der Form verteilen (etwa 1,5 cm hoch) und festdrücken.

Für das Topping Kokosöl schmelzen. Alle Zutaten bis auf die Kokosraspeln mit Wasser mit einem Stabmixer zu einer Creme verrühren. Die Creme gleichmäßig auf dem Brownie-Teig verteilen. Anschließend mit Kokosraspeln bestreuen.

Für 30 Minuten in den Kühlschrank stellen, damit die Brownies fest werden.

Aufbewahrung: Die Brownies halten sich 1 Woche im Kühlschrank. Im Gefrierschrank können sie mindestens 1 Monat gelagert werden.

Tipp: Auch sehr lecker ist eine Kombination aus Walnüssen und Mandeln zu je gleichen Teilen für den Teig.

ERDBEER-LIMETTEN-CHEESECAKE

321 kcal

Portionen: 12 Tortenstücke
Vorbereitung: 8 Stunden
Zubereitung: 30 Minuten

Boden:
150 g Mandeln 8h
75 g Datteln, entsteint

Limettencreme:
250 g Cashewkerne 8h
75 g Datteln, entsteint
70 ml Wasser
100 ml Limettensaft von ca.
3 Limetten
geriebene Schale von 3
kleinen Limetten
1 Handvoll Babyspinat
1 EL Kokosöl

Erdbeercreme:
400 g Erdbeeren, gefroren
140 g Cashewkerne 8h
70 g Datteln, entsteint
1 EL Kokosöl

Topping:
1 TL Sesemsamen
1 EL Himbeeren
1 EL Heidelbeeren
5 Kugeln aus Bodenteig
3 Gänseblümchen

Eingeweichte Mandeln und Datteln in eine Küchenmaschine geben und zu einem Teig verarbeiten.

Teigmischung in eine mit Backpapier ausgelegte Springform mit 18 cm Durchmesser geben. Den Teig von der Mitte nach außen gut festdrücken. Für das Topping 5 Kugeln aus der Tegmischung formen.

Für die Limettenschicht alle Zutaten im Hochleistungsmixer zu einer Creme verarbeiten. Eventuell einen Stößel verwenden.

Die Limetten-Creme auf dem Tortenboden gleichmäßig verteilen und glattstreichen. Die Form in den Gefrierschrank stellen, während die nächste Schicht zubereitet wird.

Für die Erdbeerschicht alle Zutaten im Hochleistungsmixer zu einer Creme verarbeiten. Eventuell einen Stößel verwenden und etwas Wasser dazugeben.

Die Erdbeerecreme auf der Limettenschicht gleichmäßig verteilen und glattstreichen.

Die fertige Torte für 1–2 Stunden in den Gefrierschrank stellen, bis die Schichten fest sind. Vor dem Anschneiden etwas auftauen lassen.

Als Topping Sesamsamen auf der Erdbeerschicht verteilen und mit frischen Himbeeren, Heidelbeeren, Teigkugeln und Gänseblümchen verzieren.

Aufbewahrung: Der Erdbeer-Limetten-Cheesecake hält sich 5 Tage im Kühlschrank. Im Gefrierschrank kann er mindestens 1 Monat gelagert werden.

ENERGY BALLS

82 kcal

Portionen: 20 Kugeln
Vorbereitung: 8 Stunden
Zubereitung: 30 Minuten

100 g Mandeln 8h
5 EL Cashewmus
3 EL Mandelmehl
2 TL Ahornsirup
100 g Datteln
1 TL Vanilleextrakt

Ummantelung:
1 EL Kakao
1,5 EL Pistazien, gehackt
1,5 EL Hanfsamen

Mandeln in einer Schale mit Wasser für 8 Stunden einweichen. Anschließend das Einweichwasser abgießen und die Mandeln gut durchspülen.

Mandeln, Cashewmus, Mandelmehl, Ahornsirup, Datteln und Vanilleextrakt in eine Küchenmaschine geben und mixen, bis eine krümelige, klebrige Masse entsteht.

Kakao, Pistaziensplitter und Hanfsamen für die Ummantelung in drei verschiedene Teller geben.

Etwa 1 EL der Masse pro Bällchen mit der Hand zu gleich großen Energy Balls formen. Die Kugel im Teller mit Kakao, Pistaziensplitter oder Hanfsamen wälzen und auf einem Teller verteilen.

Die Energy Balls vor dem Verzehr kaltstellen.

Aufbewahrung: Die Kugeln halten sich 1 Woche im Kühlschrank. Im Gefrierschrank können sie mindestens 1 Monat aufbewahrt werden.

SÜSSE KOKOS-KUGELN

74 kcal

Portionen: 20 Kugeln
Vorbereitung: 8 Stunden
Zubereitung: 30 Minuten

Teig:
50 g Mandeln 💧8h
80 g Kokosflocken
40 g Kokosnussmus
60 g Datteln

Füllung:
20 Mandeln 💧8h

Topping:
1 EL Kokosflocken

Mandeln nach dem Einweichen gründlich waschen, trockenschütteln und die braune Haut entfernen. Kokosflocken, Mandeln, Kokosnussmus und Datteln in eine Küchenmaschine geben und verrühren, bis eine cremige Masse entsteht.

Kokosflocken in einen tiefen Teller geben.

Jeweils einen Mandelkern mit einem Teelöffel der Kokosmasse umschließen und zu einer kleinen Kugel formen. Die Kugel in dem Teller mit Kokosflocken wälzen und auf einem Teller verteilen.

Die süßen Kokos-Kugeln vor dem Verzehr kaltstellen.

Aufbewahrung: Kokos-Kugeln halten sich 1 Woche im Kühlschrank. Im Gefrierschrank können sie mindestens 1 Monat gelagert werden.

ERNÄH RUNGS PLAN

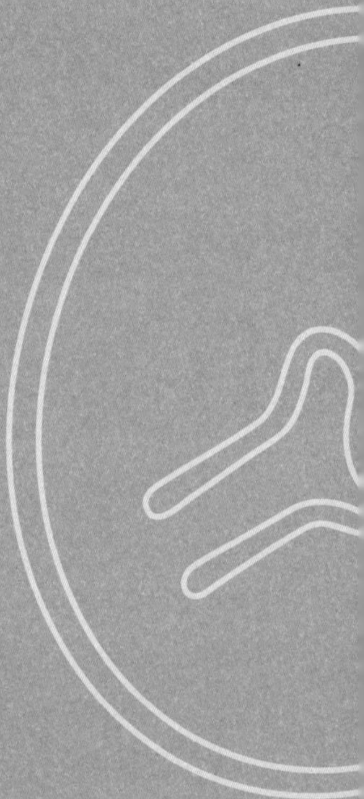

ÜBER DEN ERNÄHRUNGSPLAN

82 leckere Rezepte kennst du jetzt schon. Doch wie kombinierst du sie so, dass du mit allen nötigen Nährstoffen versorgt bist und deine Superpower im Alltag einsetzen kannst? Dafür haben wir dir den folgenden Ernährungsplan zusammengestellt. Er begleitet dich in den ersten vier Wochen deiner Umstellung oder dient einfach als Beispiel für deine Tagesplanung.

Damit du dich voll und ganz in den Ernährungsplan stürzen kannst, haben wir für dich eine Vorbereitungswoche vorgesehen. Hier hast du die Gelegenheit, alle Lebensmittel, Keimsaaten sowie Sprossenzubehör und gegebenenfalls Küchengeräte zu besorgen und frische Sprossen für deine erste Woche anzusetzen.

Einkaufsliste – Fülle deinen Vorratsschrank auf!

Eine Liste der am meisten verwendeten Lebensmittel im Ernährungsplan haben wir auf S. 260 zusammengestellt. Du kannst dich für deinen wöchentlichen Einkauf daran orientieren und Ergänzungen vornehmen, wenn du für manche Rezepte spezielle Lebensmittel benötigst. Alle aufgeführten Lebensmittel findest du in gut sortierten Super- und Bio-Märkten.

Superfood-Planer

Der Superfood-Planer beginnt mit der Vorbereitungswoche. Das heißt, dass bereits in der Vorbereitungswoche die Sprossen für die 1. Woche des Ernährungsplans gezogen werden. Der Planer ist so aufgebaut, dass du an einem Montag startest und für jede Woche jeweils an einem Mittwoch und an einem Samstag die für die kommende Woche benötigten Sprossen vorbereitest.

Neben dem Wochentag ist zu jeder Samensorte die Gewichtsangabe, die Einweichdauer und die Wachstumsdauer bis zur Ernte angegeben. Anleitungen und Erklärungen zum Sprossen ziehen findest du auf S. 14. Die gewünschte Menge an Sprossen für ein Rezept kannst du entsprechend der Umrechnungsfaktoren vom Trockengewicht der Samen zu den gekeimten Sprossen bestimmen.

Im Superfood Guide findest du die Umrechnungsfaktoren ab S. 244. Dieser Schritt ist erforderlich, da in den Rezepten alle Gewichtsangaben der Samen dem trockenen Zustand entsprechen. Dabei wird die Gewichtsangabe der Samen im Rezept mit dem Umrechnungsfaktor multipliziert. Als Ergebnis erhält man das entsprechende Gewicht der Sprossen.

Und jetzt: Ran an die Sprossen und den 4-Wochen-Ernährungsplan! Wir wünschen dir viel Spaß und Erfolg beim Umsetzen.

SUPERFOOD-PLANER

VORBEREITUNGSWOCHE

MITTWOCH

11 g Alfalfa 6h 6T
12 g Brokkoli 8h 5T
8 g Radieschen 6h 5T
3 g Rettich 6h 5T

SAMSTAG

153 g Buchweizen 0,5h 2T
38 g grüne Erbsen 8h 3T
108 g Kichererbsen 8h 3T
188 g Linsen 8h 3T
25 g Mungbohnen 8h 3T
75 g Nackthafer 1h 3T
93 g Sesam 4h 3T

1. WOCHE

MITTWOCH

8 g Alfalfa 6h 6T
15 g Brokkoli 8h 5T
14 g Radieschen 6h 5T
6 g Rotklee 8h 5T
10 g Sonnenblumen 2h 2T
25 g Buchweizen 0,5h 2T
75 g Kichererbsen 8h 3T
100 g Linsen 8h 3T
115 g Nackthafer 1h 3T

SAMSTAG

1 g Knoblauch 8h 6T
233 g Buchweizen 0,5h 2T
155 g Kichererbsen 8h 3T
45 g Linsen 8h 3T
25 g Mungbohnen 8h 3T
90 g Nackthafer 1h 3T
63 g Quinoa 1h 2T
143 g Sesam 4h 2T

2. WOCHE

MITTWOCH

9 g Alfalfa 6h 6T
6 g Brokkoli 8h 5T
9 g Radieschen 6h 5T
8 g Rotklee 8h 5T
275 g Buchweizen 0,5h 2T
60 g Kichererbsen 8h 3T
8 g Leinsamen 0,25h 3T
150 g Linsen 8h 3T
16 g Mungbohnen 8h 3T
50 g Nackthafer 1h 3T
43 g Quinoa 1h 2T

SAMSTAG

75 g Kichererbsen 8h 3T
25 g Linsen 8h 3T
25 g Mungbohnen 8h 3T
48 g Sesam 4h 2T

3. WOCHE

MITTWOCH

10 g Alfalfa 6h 6T
8 g Brokkoli 8h 5T
3 g Radieschen 6h 5T
5 g Rettich 6h 5T
6 g Rotklee 8h 5T
175 g Buchweizen 0,5h 2T
145 g Kichererbsen 8h 3T
38 g Linsen 8h 3T
38 g Mungbohnen 8h 3T
50 g Nackthafer 1h 3T

SAMSTAG

175 g Buchweizen 0,5h 2T
75 g Kichererbsen 8h 3T
195 g Linsen 8h 3T
13 g Mungbohnen 8h 3T
125 g Nackthafer 1h 3T
65 g Quinoa 1h 2T
106 g Sesam 4h 2T

1. WOCHE

Generell gilt: Vor dem Frühstück zwei Gläser Wasser mit dem Saft einer halben bis ganzen Zitrone direkt nach dem Aufstehen trinken, um die Verdauung anzukurbeln. Vor jedem Mittagessen 1 TL Chlorella in einem Glas Wasser ca. 30 Minuten vor dem Essen trinken.

	Nährwertangaben pro Tag	Kohlenhydrate	Fett	Proteine	FRÜHSTÜCK	1. SNACK
TAG 1	2017 kcal	256 g	92 g	69 g	1 Portion Blaubeer-Smoothie (S. 80)	1 Banane 1 getrocknete Feige
TAG 2	2062 kcal	287 g	91 g	61 g	1 Portion Erdbeer-Milch-shake (S. 81)	2 getrocknete Feigen 1 Apfel oder Obst nach Wunsch, optional
TAG 3	1916 kcal	244 g	77 g	94 g	1 Portion Pflaumen-Chia-Pudding (S. 103)	1 Mango
TAG 4	2122 kcal	304 g	87 g	64 g	1/2 Portion Fruchtige Power-Bowl (S. 91)	Obst nach Wunsch, optional
TAG 5	1950 kcal	272 g	80 g	70 g	1 Portion Porridge mit Rhabarber und Buchweizensprossen (S. 94)	1 getrocknete Feige 1 Banane oder Obst nach Wunsch
TAG 6	2008 kcal	278 g	85 g	59 g	1 Portion Apfel-Zimt-Creme mit Hirse (S. 98)	1/2 Portion Erdbeer-Milch-Shake (S. 81)
TAG 7	2050 kcal	306 g	68 g	74 g	1 Portion Pancakes (S. 110), dazu 2 EL Ahornsirup	Obst nach Wunsch

Nährwertangaben pro Tag · Kohlenhydrate · Fett · Proteine

MITTAGESSEN	2. SNACK	ABENDESSEN
1 Portion Knackiger Salat mit Nüssen und Samen (S. 119)	1 Paranuss	2 Portionen One Pan Quinoa (S. 188)
1/2 Portion gemischter Salat mit Sprossen (S. 115), 1 Portion Buchweizensprossen-Salat (S. 126), dazu 1 EL Sesamsprossen	1 Paranuss 3 Mandeln	2 Portionen Gefüllte Sprossenpfannkuchen (S. 164)
1 Portion Mungbohnen-Linsensprossen-Salat (S. 122), dazu 1 EL Sonnenblumenkerne	1 Paranuss 5 Mandeln	1 1/2 Portionen Protein-Bowl (S. 144), dazu 1 EL Sonnenblumenkerne
1/2 Portion gemischter Salat mit Sprossen (S. 115), 1 Portion Kichererbsensprossen-Salat (S. 128), dazu 1 EL Sesamsprossen	1 Apfel	1/2 Portion gemischter Salat mit Sprossen (S. 115) 1 Portion Linsen-Curry (S. 152)
1 Portion Rote-Bete-Salat mit Linsensprossen (S. 125)	1 Paranuss 12 Mandeln	1 Portion Pizza aus Hafersprossen (S. 171), dazu 1 EL Sesamsprossen
1 Portion Burger-Patties aus Erbsensprossen (S. 156), dazu 4 Stück Fladenbrot (S. 69)	1 Paranuss	1 Portion Spinat-Salat mit Radieschensprossen (S. 117) 3 TL Sesamsamen
1 Portion Avocado-Wrap aus Buchweizensprossen (S. 160), dazu 2 TL Sesamsprossen	1 Paranuss 5 Mandeln	1/2 Portion Gemischter Salat mit Sprossen (S. 115), 1 Portion Deftiger Bauerntopf (S. 142), dazu 2 TL Sesamsprossen

2. WOCHE

Generell gilt: Vor dem Frühstück zwei Gläser Wasser mit dem Saft einer halben bis ganzen Zitrone direkt nach dem Aufstehen trinken, um die Verdauung anzukurbeln. Vor jedem Mittagessen 1 TL Chlorella in einem Glas Wasser ca. 30 Minuten vor dem Essen trinken.

	Nährwertangaben pro Tag	Kohlenhydrate	Fett	Proteine	FRÜHSTÜCK	1. SNACK
TAG 1	2097 kcal	327 g	73 g	72 g	2 Portionen Metabolism Smoothie (S. 76)	Obst nach Wunsch
TAG 2	2021 kcal	311 g	68 g	75 g	1 Portion Grüner Banane-Apfel-Smoothie (S. 75)	1 Banane oder Obst nach Wunsch
TAG 3	1969 kcal	311 g	67 g	73 g	1 Metabolic Smoothie (S. 79)	1 Mango
TAG 4	1946 kcal	287 g	71 g	73 g	1/2 Portion Fruchtige Power-Bowl (S. 91)	1 Portion Kurkuma-Smoothie (S. 82)
TAG 5	2056 kcal	310 g	71 g	71 g	1 Portion Apfel-Zimt-Creme mit Hirse (S. 98)	1 Banane oder Obst nach Wunsch
TAG 6	2060 kcal	308 g	71 g	73 g	1 Portion Buchweizen-Rosinen-Kokos-Brei (S. 92)	1 Orange
TAG 7	2030 kcal	286 g	88 g	62 g	1 Portion Grüne Smoothie-Bowl (S. 96)	1 Avocado-Brot mit Sprossen (S. 104) 1 Paranuss

Nährwertangaben pro Tag · Kohlenhydrate · Fett · Proteine

MITTAGESSEN	2. SNACK	ABENDESSEN
1/2 Portion Gemischter Salat mit Sprossen (S. 115), 1 Portion Braune Linsen mit buntem Gemüse (S. 174)	1 Paranuss 1 EL Cashewkerne, optional	1/2 Portion Gemischter Salat mit Sprossen (S. 115), 1 Portion Pizza aus Buchweizensprossen (S. 173)
1 Portion Spinat-Salat mit Radieschensprossen (S. 117), dazu 9 Falafel (S. 159)	1 Paranuss	2 Portionen Bohnensuppe mit Artischockenherzen (S. 137)
1 Portion Salat mit Tofu-Ecken (S. 121), dazu 1 EL Hanfsamen, geschält	1 Paranuss 5 Mandeln 3 Datteln, optional	2 Portionen Süßkartoffel-Curry mit Kichererbsen und Spinat (S. 149)
1 Portion Mungbohnen-Linsensprossen-Salat (S. 122), dazu 1 TL Sesamsamensprossen	1 Paranuss 1 Karotte oder Gemüse nach Wunsch	1/2 Portion Spinat-Salat mit Radieschensprossen (S. 117), 1 Portion Quinoa-Bowl mit weißen Bohnen (S. 146), dazu 1 TL Sesamsamensprossen
1 Portion Ofenkartoffeln mit Salat (S. 155)	1 Paranuss 5 Mandeln	1/2 Portion Gemischter Salat mit Sprossen (S. 115), 1 Portion Linsen-Kokos-Curry-Suppe (S. 139)
1 Portion Chili con Quinoa (S. 151), dazu 2 TL Sesamsprossen	1 Paranuss	1 Gemischter Salat mit Sprossen (S. 115), 1 Sprossen-Sandwich (S. 108), dafür 1/2 Brot-Rezept (S. 66) zubereiten
1/2 Portion Gemischter Salat mit Sprossen (S. 115). 1 Portion Sushi (S. 167)	1/2 Mango	1 Portion Rote-Bete-Salat mit Linsensprossen (S. 125)

3. WOCHE

Generell gilt: Vor dem Frühstück zwei Gläser Wasser mit dem Saft einer halben bis ganzen Zitrone direkt nach dem Aufstehen trinken, um die Verdauung anzukurbeln. Vor jedem Mittagessen 1 TL Chlorella in einem Glas Wasser ca. 30 Minuten vor dem Essen trinken.

	Nährwertangaben pro Tag	Kohlenhydrate	Fett	Proteine	FRÜHSTÜCK	1. SNACK
TAG 1	2060 kcal	292 g	83 g	72 g	3 Portionen Orangen-Karotten-Smoothie (S. 84)	3 getrocknete Feigen
TAG 2	2035 kcal	274 g	84 g	65 g	1 Portion Blaubeer-Smoothie (S. 80)	1 getrocknete Feige 1 Paranuss
TAG 3	2003 kcal	288 g	73 g	81 g	1 Portion Grüner Banane-Apfel-Smoothie (S. 75)	2 Stück (300g) Wassermelone
TAG 4	2071 kcal	294 g	85 g	70 g	1 Portion Erdbeer-Milchshake (S. 81)	1 Orange 1 Banane
TAG 5	2083 kcal	363 g	58 g	64 g	1 Portion Metabolic Smoothie (S. 79)	1 Banane oder Obst nach Wunsch
TAG 6	2022 kcal	282 g	80 g	70 g	1 Portion Metabolism Smoothie (S.76). 1 Portion Porridge mit Rhabarber und Buchweizensprossen (S. 94)	1 Banane, optional
TAG 7	2068 kcal	337 g	64 g	65 g	1/2 Portion Metabolic Smoothie (S. 79) 1 Portion Apfel-Zimt-Creme mit Hirse (S. 98)	1 Banane

Nährwertangaben pro Tag · Kohlenhydrate · Fett · Proteine

MITTAGESSEN	2. SNACK	ABENDESSEN
1 Portion Rote-Bete-Salat mit Linsensprossen (S. 125), dazu 2 TL Sesamsamen	1 Paranuss	5 Scheiben Chia-Superfood Brot (S. 66) mit 2 EL Basilikum-Spinat-Pesto (S. 42), dazu 6 Cherry-Tomaten, 1 kleine Paprika, 60 g Rucola (frisches Gemüse nach Wunsch)
1 Portion Gemischter Salat mit Sprossen (S. 115), dazu 2 Scheiben Chia-Superfood-Brot (S. 66)	150 g Kickererbsensprossen, blanchiert (60 g Trockengewicht)	1/2 Portion Spinat-Salat mit Radieschensprossen (S. 117). 1 Portion Spaghetti mit Cashewsoße (S. 181)
1 Portion Salat mit Tofu-Ecken (S. 121), dazu 1 EL Hanfsamen, geschält 4 Scheiben Chia-Superfood-Brot (S. 66)	1 Paranuss 5 Mandeln	2 Portionen herzhafte Bohnen-Kürbis-Suppe (S. 130)
1 Portion Knackiger Salat mit Nüssen und Samen (S. 119)	1 getrocknete Feige 1 Paranuss	2 Portionen Deftiger Bauerntopf (S. 142), dazu 2 TL Sesamsprossen
2 Portionen Buchweizensprossen-Salat (S. 126)	1 Paranuss	2 Portion Süßkartoffel-Curry mit Kichererbsen und Spinat (S. 149)
1/2 Portion Spinat-Salat mit Radieschensprossen (S. 117), 2 Stück Fladenbrot (S. 69), dazu 1/4 Rezept Hummus (S. 61)	1 Paranuss 5 Mandeln	1 Portion Mungbohnen-Linsen-Sprossen Salat (S. 122)
1 Portion Avocado-Wrap aus Buchweizensprossen (S. 160)	1 Paranuss 1 EL Cashewkerne	1 Portion Kichererbsen-Sprossen-Salat (S. 128), dazu 75 g Rucola und 1 EL Sesamsprossen

4. WOCHE

Generell gilt: Vor dem Frühstück zwei Gläser Wasser mit dem Saft einer halben bis ganzen Zitrone direkt nach dem Aufstehen trinken, um die Verdauung anzukurbeln. Vor jedem Mittagessen 1 TL Chlorella in einem Glas Wasser ca. 30 Minuten vor dem Essen trinken.

Tag	Nährwertangaben pro Tag	Kohlenhydrate	Fett	Proteine	FRÜHSTÜCK	1. SNACK
TAG 1	2017 kcal	317 g	66 g	77 g	1 Portion Grüner Banane-Apfel-Smoothie (S. 75)	1 Orange 2 getrocknete Feigen
TAG 2	2066 kcal	299 g	84 g	60 g	1 Portion Erdbeer-Milchshake (S. 81)	1 Orange 1 getrocknete Feige
TAG 3	2064 kcal	212 g	119 g	70 g	1 Portion Kurkuma-Smoothie (S. 82)	1 Orange
TAG 4	2104 kcal	334 g	69 g	77 g	1 Portion Metabolic Smoothie (S. 79)	1 Apfel 3 Datteln
TAG 5	2055 kcal	302 g	81 g	65 g	1 Portion Pflaumen-Chia-Pudding (S. 103)	1 Mango
TAG 6	2160 kcal	285 g	96 g	69 g	1 Portion Porridge mit Rhabarber und Buchweizensprossen (S. 94)	1 Banane
TAG 7	2115 kcal	350 g	62 g	70 g	1 Portion Apfel-Zimt-Creme mit Hirse (S. 98)	1 Orange

Nährwertangaben pro Tag · Kohlenhydrate · Fett · Proteine

MITTAGESSEN	2. SNACK	ABENDESSEN
1 1/2 Portionen Mungbohnen-Linsensprossen-Salat (S. 122), 1 EL Sesamsprossen	1 Paranuss 10 Mandeln	1 Portion Pizza aus Hafersprossen (S. 171), dazu 65 g Rucola als Topping
1 Portion Buchweizensprossen-Salat (S. 126), dazu 2 TL Sesamsprossen	1 Paranuss 1 EL Cashewkerne (optional)	1 Portion Gemischter Salat mit Sprossen (S. 115) 1 Portion Kichererbsensprossen-Salat (S. 128) und 4 TL Sesamsprossen
1 Portion Knackiger Salat mit Nüssen und Samen (S. 119)	1 Paranuss 3 Mandeln	1/2 Portion Spinat-Salat mit Radieschensprossen (S. 117) 1 Portion Linsen-Kokos-Curry-Suppe (S. 139) und 1 TL Sesamsprossen dazu 2 Fladenbrote (S. 69)
1/2 Portion gemischter Salat mit Sprossen (S. 115) 1 Portion Zucchini-Spaghetti mit Parmesan (S. 185)	1 Paranuss 2 TL Cashewkerne	1 1/2 Portionen Chili con Quinoa (S. 151), dazu 2 TL Sesamsprossen
1 Portion Rote-Bete-Salat mit Linsensprossen (S. 125), dazu 1 EL Sonnenblumenkerne	1 Paranuss 10 Mandeln	1 Portion Erdnuss-Reis-Pfanne (S. 186)
2 Portionen Burrito mit Sprossen (S. 162)	1 Scheibe Bananenbrot (S. 192) 1 Paranuss	1 Gemischter Salat mit Sprossen (S. 115) dazu 100 g grüne Erbsen (aufgetaut und erwärmt) und 1 EL Sesamsamensprossen
1 Portion Sprossen-Sommerrollen (S. 168)	1 Scheibe Bananenbrot (S. 192) 1 Paranuss 5 Mandeln	1 Portion Braune Linsen mit buntem Gemüse (S. 174), dazu 1 EL Hanfsamen, geschält

SUPER FOOD ABC

ALFALFA

Vitamin-Bomben im Kleinformat – Alfalfa-Microgreens dienen als frische Vitamin- und Mineralstoffquelle und unterstützen dabei dein Immunsystem. Netter Nebeneffekt: strahlende Haut und Haare.

NÄHRWERTE

je 100 g Samen	
Energie	424 kcal
Eiweiß	36 g
Fett	14 g
Kohlenhydrate	40 g
je 100 g Sprossen (NRV*)	
Folsäure	36 µg (18 %)
Biotin	10 µg (20 %)
Kupfer	0,2 mg (16 %)

KEIMEN

Keimmethode	Keimschale, Keimglas
Einweichzeit	6 Stunden
Bewässern	2 x täglich
Ernte	ab 7. Tag
Ertrag	3 EL ergeben 8 Tassen Sprossen
Geschmack	mild, herb, nussig

*Nährstoffbezugswert der empfohlenen Tagesdosis für Erwachsene

BROKKOLI

Dein grünes Wunder – mit einer Menge Vitamin A, C, K und vielen Mineralstoffen. Das in Brokkolisamen enthaltene Senföl Sulforaphan kann laut Studien eine krebshemmende Wirkung haben.

NÄHRWERTE

je 100 g Samen	
Energie	350 kcal
Eiweiß	21 g
Fett	5 g
Kohlenhydrate	50 g

je 100 g Sprossen (NRV*)	
Vitamin C	64 mg (80 %)
Kalium	326 mg (16 %)
Magnesium	51 mg (14 %)
Mangan	0,37 mg (19 %)

KEIMEN

Keimmethode	Keimschale, Keimglas
Einweichzeit	8 Stunden
Bewässern	2–3 x täglich
Ernte	ab 5. Tag
Ertrag	3 EL ergeben 2 Tassen Sprossen
Geschmack	würzig, pikant

*Nährstoffbezugswert der empfohlenen Tagesdosis für Erwachsene

RADIESCHEN

Radieschen-Microgreens bringen nicht nur einen würzig-scharfen Geschmack in deine Gerichte, sondern auch eine Menge Nährstoffe in deinen Vitaminhaushalt. Allen voran Folsäure, Vitamin C, B6 und K für frische Energie und ein gesundes Immunsystem.

NÄHRWERTE

je 100 g Samen	
Energie	547 kcal
Eiweiß	27 g
Fett	39 g
Kohlenhydrate	22 g

je 100 g Sprossen (NRV*)	
Vitamin C	28,9 mg (36 %)
Niacin	2,9 mg (18 %)
Vitamin B6	0,3 mg (20 %)
Folsäure	95 µg (48 %)
Phosphor	113 mg (16 %)

KEIMEN

Keimmethode	Keimschale, Keimglas
Einweichzeit	6 Stunden
Bewässern	2 x täglich
Ernte	ab 3.–12. Tag
Ertrag	3 EL ergeben 2–3 Tassen Sprossen
Geschmack	scharf, intensiv

*Nährstoffbezugswert der empfohlenen Tagesdosis für Erwachsene

ROTKLEE

Auch Rotklee enthält wie andere Microgreens viel Vitamin C und K. Isoflavone sind im Rotklee enthaltene sekundäre Pflanzenstoffe, die entzündungshemmend, antioxidativ und sogar hormonregulierend wirken können.

NÄHRWERTE

je 100 g Samen	
Energie	340 kcal
Eiweiß	40 g
Fett	7 g
Kohlenhydrate	23 g

je 100 g Sprossen (NRV*)	
Vitamin C	11 mg (14 %)

KEIMEN

Keimmethode	Keimschale, Keimglas
Einweichzeit	6 Stunden
Bewässern	2–3 x täglich
Ernte	ab 4.–14. Tag
Ertrag	3 EL ergeben 8 Tassen Sprossen
Geschmack	sehr mild, fein

*Nährstoffbezugswert der empfohlenen Tagesdosis für Erwachsene

RUCOLA

Auch in Form von Microgreens behält Rucola seine intensiv würzige Note. Das enthaltene Vitamin K schützt zudem die Gefäße und Vitamin A fördert eine gesunde, strahlende Haut.

NÄHRWERTE

je 100 g Samen	
Energie	446 kcal
Eiweiß	33 g
Fett	27 g
Kohlenhydrate	6 g

je 100 g Samen (NRV*)	
Vitamin A	1,3 mg (156 %)
Vitamin C	46 mg (58 %)
Vitamin E	19 mg (158 %)
Kalium	343 mg (17 %)
Mangan	0,3 mg (15 %)

KEIMEN

Keimmethode	Keimschale
Einweichzeit	keine, nur befeuchten
Bewässern	2 x täglich
Ernte	ab 5.–14. Tag
Ertrag	3 EL ergeben 2 Tassen Sprossen
Geschmack	würzig

*Nährstoffbezugswert der empfohlenen Tagesdosis für Erwachsene

SENF

Die würzig-scharfe Note verdanken Senf-Microgreens ihren sekundären Pflanzenstoffen. Diese weisen außerdem eine antibakterielle und antioxidative Wirkung auf, die das Immunsystem unterstützen.

NÄHRWERTE

je 100 g Samen	
Energie	487 kcal
Eiweiß	25 g
Fett	29 g
Kohlenhydrate	28 g

je 100 g Samen (NRV*)	
Vitamin A	0,93 mg (117 %)
Vitamin C	72 mg (90 %)
Vitamin E	18,6 mg (155 %)
Kalium	362 mg (18 %)
Mangan	0,39 mg (20 %)

KEIMEN

Keimmethode	Keimschale
Einweichzeit	keine, nur befeuchten
Bewässern	2 x täglich
Ernte	ab 2.–14. Tag
Ertrag	3 EL ergeben 2–2,5 Tassen Sprossen
Geschmack	würzig, scharf

*Nährstoffbezugswert der empfohlenen Tagesdosis für Erwachsene

GRÜNE ERBSE

Klein und kraftvoll ist die grüne Erbse. Gekeimt enthält sie viel Thiamin, Phosphor und Kalium. Dadurch wird die grüne Erbse zu einem proteinreichen Energielieferant, der Muskeln, Knochen und Zähne stärkt.

NÄHRWERTE

je 100 g Samen	
Energie	287 kcal
Eiweiß	24 g
Fett	1,7 g
Kohlenhydrate	43 g
Ballaststoffe	18 g

je 100 g Samen (NRV*)	
Thiacin	0,82 mg (75 %)
Niacin	7,30 mg (46 %)
Pantothensäure	2,10 mg (35 %)
Phosphor	353 mg (50 %)
Eisen	5,7 mg (41 %)
Kupfer	1,2 mg (120 %)

KEIMEN

Keimmethode	Keimglas
Einweichzeit	8 Stunden
Bewässern	2–3 x täglich
Ernte	ab 3.–4. Tag, Rohverzehr ab dem 4. Tag
Ertrag	2,5-fache Menge
Geschmack	süß, leicht bitter

*Nährstoffbezugswert der empfohlenen Tagesdosis für Erwachsene

KICHERERBSE

Hat hier jemand Protein gesagt? Davon enthält die Kichererbse, insbesondere in gekeimter Form, besonders viel. Auch Eisen und Mangan stecken in der Kichererbse, die mit dieser Nährstoffkombi ein absolutes Energie- und Kraftpaket ist.

NÄHRWERTE

je 100 g Samen	
Energie	339 kcal
Eiweiß	19 g
Fett	6 g
Kohlenhydrate	44 g
Ballaststoffe	16 g

je 100 g Samen (NRV*)	
Thiamin	0,52 mg (47 %)
Vitamin B6	0,56 mg (40 %)
Folsäure	0,34 mg (170 %)
Eisen	6,1 mg (44 %)
Magnesium	126 mg (34 %)
Zink	2,4 mg (24 %)

KEIMEN

Keimmethode	Keimglas
Einweichzeit	8 Stunden
Bewässern	2–3 x täglich
Ernte	ab 3.–4. Tag, Rohverzehr ab dem 4. Tag
Ertrag	2,5-fache Menge
Geschmack	süß, leicht bitter

*Nährstoffbezugswert der empfohlenen Tagesdosis für Erwachsene

LINSE

Vielseitig, lecker und gesund – Linsen sollten auf jedem pflanzlichen Ernährungsplan stehen. Sie sind reich an Ballaststoffen, voller Proteine, Vitamin K sowie Eisen und decken einen großen Teil des täglichen Nährstoffbedarfs ab.

NÄHRWERTE

je 100 g Samen	
Energie	307 kcal
Eiweiß	24 g
Fett	1,6 g
Kohlenhydrate	41 g
Ballaststoffe	17 g

je 100 g Samen (NRV*)	
Thiamin	0,48 mg (44 %)
Vitamin B6	0,55 mg (39 %)
Folsäure	0,17 mg (84 %)
Eisen	8 mg (57 %)
Mangan	1,5 mg (75 %)
Zink	3,4 mg (34 %)

KEIMEN

Keimmethode	Keimglas
Einweichzeit	8 Stunden
Bewässern	2–3 x täglich
Ernte	ab 3.–5. Tag, Rohverzehr ab dem 4. Tag
Ertrag	2,5-fache Menge
Geschmack	von leicht süß, nussig bis herb (je nach Sorte)

*Nährstoffbezugswert der empfohlenen Tagesdosis für Erwachsene

MUNGBOHNE

Power durch Kohlenhydrate und frische Energie dank Vitaminen – gekeimte Mungbohnen sind echte Allrounder. Zudem können sie sich regulierend auf Cholesterin- und Blutfettwerte auswirken, PMS-Schmerzen und Wechseljahresbeschwerden lindern und den Teint auffrischen.

NÄHRWERTE

je 100 g Samen	
Energie	347 kcal
Eiweiß	24 g
Fett	1,2 g
Kohlenhydrate	46 g
Ballaststoffe	16 g

je 100 g Samen (NRV*)	
Thiamin	0,6 mg (55 %)
Vitamin B6	0,4 mg (29 %)
Folsäure	0,14 mg (70 %)
Eisen	6,7 mg (48 %)
Magnesium	189 mg (50 %)
Mangan	1 mg (50 %)

KEIMEN

Keimmethode	Keimglas
Einweichzeit	8 Stunden
Bewässern	2–3 x täglich
Ernte	ab 3.–5. Tag, Rohverzehr ab dem 4. Tag
Ertrag	3-fache Menge
Geschmack	frisch, Bohnengeschmack

*Nährstoffbezugswert der empfohlenen Tagesdosis für Erwachsene

BUCHWEIZEN

Wer glutenfrei genießen möchte, kommt nicht an Buchweizen vorbei. Das Pseudogetreide ist von Natur aus glutenfrei und enthält mehr Proteine als Getreide. Dank komplexer Kohlenhydrate und vieler Ballaststoffe sorgt Buchweizen zudem für ein langanhaltendes Sättigungsgefühl.

NÄHRWERTE

je 100 g Samen	
Energie	350 kcal
Eiweiß	9,8 g
Fett	1,7 g
Kohlenhydrate	71 g
Ballaststoffe	3,7 g

je 100 g Samen (NRV*)	
Riboflavin	0,3 mg (21 %)
Niacin	5,1 mg (32 %)
Vitamin B6	0,4 mg (29 %)
Kupfer	0,6 mg (60 %)
Magnesium	221 mg (50 %)
Mangan	1,6 mg (50 %)

KEIMEN

Keimmethode	Keimglas
Einweichzeit	0,5–2 Stunden
Bewässern	3–4 x täglich
Ernte	1.–4. Tag
Ertrag	2-fache Menge
Geschmack	nussig, mild

*Nährstoffbezugswert der empfohlenen Tagesdosis für Erwachsene

HIRSE (GOLDHIRSE)

Leichte Kost und dennoch reich an Vitaminen und Nährstoffen – Hirse ist ein glutenfreier Kohlenhydrate- und Proteinlieferant. Dennoch ist sie leicht verdaulich und gut für Haut, Haare und Nägel.

NÄHRWERTE

je 100 g Samen	
Energie	364 kcal
Eiweiß	11 g
Fett	4 g
Kohlenhydrate	69 g
Ballaststoffe	4 g

je 100 g Samen (NRV*)	
Thiamin	0,43 mg (40 %)
Niacin	4,8 mg (30 %)
Vitamin B6	0,52 mg (37 %)
Magnesium	123 mg (33 %)
Phosphor	275 mg (39 %)
Eisen	7 mg (50 %)

KEIMEN

Keimmethode	Einweichen
Einweichzeit	8 Stunden
Bewässern	-
Ernte	-
Ertrag	-
Geschmack	mild und neutral

*Nährstoffbezugswert der empfohlenen Tagesdosis für Erwachsene

SESAM

Was sich wohl in diesem magischen Sesam verbirgt? Kalzium und Magnesium im optimalen Verhältnis von 2:1, Eisen, Vitamine und viele weitere Nährstoffe. Die richtige Wahl, um das Immun- und Nervensystem sowie Zähne und Knochen zu stärken. Ganz ohne Zauberei.

NÄHRWERTE

je 100 g Samen	
Energie	593 kcal
Eiweiß	21 g
Fett	50 g
Kohlenhydrate	10 g
Ballaststoffe	11 g

je 100 g Samen (NRV*)	
Thiamin	0,79 mg (72 %)
Vitamin B6	0,79 mg (56 %)
Folsäure	0,1 mg (50 %)
Kalzium	783 mg (98 %)
Magnesium	347 mg (93 %)
Eisen	10 mg (71 %)

KEIMEN

Keimmethode	Keimglas
Einweichzeit	2–4 Stunden
Bewässern	2–3 x täglich
Ernte	1.–3. Tag
Ertrag	1,5-fache Menge
Geschmack	leicht nussig und bitter

*Nährstoffbezugswert der empfohlenen Tagesdosis für Erwachsene

NACKTHAFER

Unter den Getreidearten ist Hafer die erste Wahl. Die Verwendung für die Ernährung ist bei Hafer sehr vielfältig und kann in gekeimter Form sogar heilend sein.

NÄHRWERTE

je 100 g Samen	
Energie	351 kcal
Eiweiß	11 g
Fett	7 g
Kohlenhydrate	56 g
Ballaststoffe	10 g

je 100 g Samen (NRV*)	
Thiamin	0,67 mg (61 %)
Vitamin B6	0,96 mg (69 %)
Biotin	13 µg (26 %)
Magnesium	129 mg (34 %)
Eisen	5,8 mg (41 %)
Zink	3,2 mg (32 %)

KEIMEN

Keimmethode	Keimglas
Einweichzeit	1–5 Stunden
Bewässern	2–3 x täglich
Ernte	2.–3. Tag
Ertrag	1,5-fache Menge
Geschmack	leicht nussig, mild

*Nährstoffbezugswert der empfohlenen Tagesdosis für Erwachsene

QUINOA

Quinoa gehört zu den Top-Eiweißlieferanten, da sie alle neun essentiellen Aminosäuren enthält. Das glutenfreie Pseudogetreide deckt viele wichtige Vitamine und Mineralstoffe ab, die der Körper täglich braucht, und sorgt damit für neue Energie, einen gesunden Stoffwechsel und ein starkes Immunsystem.

NÄHRWERTE

je 100 g Samen	
Energie	368 kcal
Eiweiß	14 g
Fett	6 g
Kohlenhydrate	64 g
Ballaststoffe	7 g

je 100 g Samen (NRV*)	
Thiamin	0,36 mg (33 %)
Riboflavin	0,32 mg (23 %)
Folsäure	0,18 mg (90 %)
Magnesium	197 mg (53 %)
Eisen	4,6 mg (33 %)
Zink	3,1 mg (31 %)

KEIMEN

Keimmethode	Keimglas
Einweichzeit	0,5-2 Stunden
Bewässern	2-3 x täglich
Ernte	1.-4. Tag
Ertrag	1,5-2,5-fache Menge
Geschmack	nussig, mild

*Nährstoffbezugswert der empfohlenen Tagesdosis für Erwachsene

VOLLKORNREIS

Eine vielseitige Beilage, die voller Kraft steckt – Vollkornreis ist glutenfrei, ballaststoffreich und weist eine hohe Nährstoffdichte auf. Dadurch eignet er sich besonders gut für den täglichen Bedarf an Kohlenhydrate, Ballastoffen und Mineralstoffen wie Selen, Phosphor und Mangan.

NÄHRWERTE

je 100 g Samen	
Energie	370 kcal
Eiweiß	8 g
Fett	3 g
Kohlenhydrate	77 g
Ballaststoffe	3,5 g

je 100 g Samen (NRV*)	
Thiamin	0,4 mg (36 %)
Niacin	5,1 mg (32 %)
Vitamin B6	0,5 mg (36 %)
Magnesium	143 mg (38 %)
Phosphor	333 mg (48 %)
Selen	23,4 µg (43 %)

KEIMEN

Keimmethode	Keimglas
Einweichzeit	8–12 Stunden
Bewässern	2–3 x täglich
Ernte	3.–5. Tag
Ertrag	1,5-fache Menge
Geschmack	neutral, festere Schale

*Nährstoffbezugswert der empfohlenen Tagesdosis für Erwachsene

CASHEWKERNE

Cashewkerne stecken voller Mineralstoffe wie Kupfer, Magnesium, Eisen und Zink. Diese wirken sich positiv auf Bindegewebe, Zähne, Knochen, aber auch das gesamte Immunsystem aus.

NÄHRWERTE

je 100 g Samen	
Energie	568 kcal
Eiweiß	17,5 g
Fett	43 g
Kohlenhydrate	30,5 g
Ballaststoffe	2,9 g

je 100 g Samen (NRV*)	
Thiamin	0,63 mg (57 %)
Vitamin B6	0,42 mg (30 %)
Vitamin K	26 µg (35 %)
Magnesium	270 mg (72 %)
Eisen	2,8 mg (20 %)
Zink	2,1 µg (21 %)

KEIMEN

Keimmethode	Einweichen
Einweichzeit	2 Stunden
Bewässern	-
Ernte	-
Ertrag	2-fache Menge
Geschmack	leicht süßlich, fein

*Nährstoffbezugswert der empfohlenen Tagesdosis für Erwachsene

MANDEL

Mandeln kommen in unseren Ernährungsplänen besonders gerne als gesunder Snack zwischen den Mahlzeiten vor. Dabei unterstützen sie den Energiestoffwechsel, stärken Zähne und Knochen und schützen die Zellen vor oxidativem Stress.

NÄHRWERTE

je 100 g Samen	
Energie	589 kcal
Eiweiß	24 g
Fett	53 g
Kohlenhydrate	5,7 g
Ballaststoffe	11,3 g

je 100 g Samen (NRV*)	
Thiamin	0,22 mg (20 %)
Niacin	4,2 mg (26 %)
Vitamin E	26 mg (217 %)
Kalium	676 mg (34 %)
Magnesium	218 mg (58 %)
Kupfer	0,9 mg (90 %)

KEIMEN

Keimmethode	Einweichen
Einweichzeit	8–12 Stunden
Bewässern	-
Ernte	-
Ertrag	2-fache Menge
Geschmack	Mandel

*Nährstoffbezugswert der empfohlenen Tagesdosis für Erwachsene

PARANUSS

Die Paranuss ist eine leckere Minerallstoffquelle, insbesondere für Selen und Phosphor. Damit stärkt sie Herz, Haare, Nägel und das gesamte Immunsystem. Die antioxidative Wirkung dient zusätzlich dem Zellschutz.

NÄHRWERTE

je 100 g Samen	
Energie	659 kcal
Eiweiß	14 g
Fett	67 g
Kohlenhydrate	4,2 g
Ballaststoffe	7,5 g

je 100 g Samen (NRV*)	
Thiamin	0,62 mg (56 %)
Vitamin E	5,7 mg (48 %)
Kalzium	160 mg (20 %)
Magnesium	376 mg 100 %)
Selen	1,92 mg (3491 %)
Kupfer	1,74 mg (174 %)

KEIMEN

Keimmethode	Einweichen
Einweichzeit	0-2 Stunden
Bewässern	-
Ernte	-
Ertrag	-
Geschmack	erdig, mandelartig

*Nährstoffbezugswert der empfohlenen Tagesdosis für Erwachsene

WALNUSS

Für starke Nerven sorgen Walnüsse allemal. Und nebenbei auch noch für ein gesundes Herz-Kreislauf- und Immunsystem, starke Knochen und den Zellschutz. Zudem enthalten sie das optimale Fettsäure-Verhältnis von Omega-3 zu Omega-6 von 1:4.

NÄHRWERTE

je 100 g Samen	
Energie	723 kcal
Eiweiß	16 g
Fett	71 g
Kohlenhydrate	6,1 g
Ballaststoffe	4,6 g

je 100 g Samen (NRV*)	
Thiamin	0,34 mg (31 %)
Vitamin B6	0,6 mg (43 %)
Vitamin E	25,5 mg (213 %)
Kalium	444 mg (22 %)
Phosphor	320 mg (46 %)
Kupfer	1,34 mg (134 %)

KEIMEN

Keimmethode	Einweichen
Einweichzeit	4–8 Stunden
Bewässern	-
Ernte	-
Ertrag	1,5-fache Menge
Geschmack	fein, aromatisch

*Nährstoffbezugswert der empfohlenen Tagesdosis für Erwachsene

KÜRBIS

Vitamine mit Biss – Kürbiskerne sind kleine Allrounder, deren Nährstoffe den gesamten Stoffwechselprozess unterstützen. Mit Folsäure, Eisen, Magnesium und Zink ausgestattet profitieren Haut, Haare und Nägel, aber auch die Muskeln von den knackigen Kernen.

NÄHRWERTE

je 100 g Samen	
Energie	581 kcal
Eiweiß	36 g
Fett	46 g
Kohlenhydrate	2,7 g
Ballaststoffe	8,7 g

je 100 g Samen (NRV*)	
Thiamin	0,59 mg (54 %)
Folsäure	50 µg (25 %)
VItamin E	4 mg (33 %)
Magnesium	285 mg (76 %)
Eisen	4,9 mg (35 %)
Zink	6,2 mg (62 %)

KEIMEN

Keimmethode	Keimschale, Keimglas
Einweichzeit	2–4 Stunden
Bewässern	2–3 x täglich
Ernte	1.–3. Tag
Ertrag	2-fache Menge
Geschmack	nussig

*Nährstoffbezugswert der empfohlenen Tagesdosis für Erwachsene

SONNENBLUME

Eine Portion Sonnenschein gefällig? Die Kerne der Sonnenblume schmecken nicht nur nach Sommer, sie stecken auch voller Vitamine und Mineralstoffe, die das Bindegewebe stärken, den Energiestoffwechsel ankurbeln und die Zellen schützen.

NÄHRWERTE

je 100 g Samen	
Energie	584 kcal
Eiweiß	21 g
Fett	52 g
Kohlenhydrate	20 g
Ballaststoffe	9 g

je 100 g Samen (NRV*)	
Riboflavin	0,4 mg (29 %)
Folsäure	0,3 mg (150 %)
Vitamin E	35,2 mg (293 %)
Eisen	5,3 mg (38 %)
Zink	5 mg (50 %)

KEIMEN

Keimmethode	Keimglas
Einweichzeit	2-4 Stunden
Bewässern	2-3 x täglich
Ernte	1.-2. Tag
Ertrag	3 EL ergeben 1,5-fache Menge
Geschmack	nussig, mild

*Nährstoffbezugswert der empfohlenen Tagesdosis für Erwachsene

CHIASAMEN

Übersetzt bedeutet Chia Kraft – und die steckt definitiv in den kleinen Samen. Besonders wichtig ist ihr hoher Gehalt an Eisen sowie Omega-3-Fettsäure, die entzündungshemmend wirkt sowie Herz und Kreislauf unterstützt. In Chiasamen ist diese im hervorragenden Verhältnis 3:1 von Omega-3 zu Omega-6 enthalten.

NÄHRWERTE

je 100 g Samen	
Energie	486 kcal
Eiweiß	16,5 g
Fett	31 g
Kohlenhydrate	42 g
Ballaststoffe	34 g

je 100 g Samen (NRV*)	
Niacin	6,1 mg (38 %)
Vitamin B6	1,4 mg (100 %)
Vitamin K	0,7 mg (933 %)
Kalzium	631 mg (79 %)
Eisen	16,4 mg (117 %)
Selen	55 µg (100 %)

KEIMEN

Keimmethode	Keimschale
Einweichzeit	keine, nur befeuchten
Bewässern	2 x täglich besprühen
Ernte	2.–14. Tag
Ertrag	3 EL ergeben 1–1,5 Tassen Sprossen
Geschmack	als Sprossen neutral, als Microgreen etwas würziger

*Nährstoffbezugswert der empfohlenen Tagesdosis für Erwachsene

LEINSAMEN

Bei uns vergeht kaum ein Tag ohne Leinsamen auf dem Speiseplan. Denn die enthaltenen Ballaststoffe können die Darmgesundheit fördern, den Blutzuckerspiegel regulieren und den Cholesterinwert senken. Zudem enthalten sie das perfekte Fettsäure-Verhältnis von Omega-3 zu Omega-6 von 4:1.

NÄHRWERTE

je 100 g Samen	
Energie	534 kcal
Eiweiß	18 g
Fett	42 g
Kohlenhydrate	1,6 g
Ballaststoffe	27 g

je 100 g Samen (NRV*)	
Thiamin	1,6 mg (146 %)
Vitamin B6	0,47 mg (34 %)
Folsäure	0,09 mg (45 %)
Kalzium	255 mg (32 %)
Magnesium	392 mg (105 %)
Eisen	5,7 mg (41 %)

KEIMEN

Keimmethode	Keimschale
Einweichzeit	keine, nur befeuchten
Bewässern	2 x täglich besprühen
Ernte	2.–14. Tag
Ertrag	3 EL ergeben 1–1,5 Tassen Sprossen
Geschmack	nussig, mild

*Nährstoffbezugswert der empfohlenen Tagesdosis für Erwachsene

SUPER FOOD GUIDE

DEIN SUPERFOOD-GUIDE

KEIMEN VON SAMEN	KEIM-METHODE	EIN-WEICHEN	LICHT-/DUNKELKEIMER	GEWICHTSVER-HÄLTNIS SAMEN ZU SPROSSEN
MICROGREENS				
Alfalfa	Keimschale Keimglas	- 6–12 h	Licht	
Amaranth	Keimschale Keimglas	- 0,5–2 h	Licht	
Bockshornklee	Keimschale Keimglas	- 6–12 h	Licht	
Brokkoli	Keimschale Keimglas	- 8–12 h	dunkel, ab 3. Tag Licht	
Chia	Keimschale	-	Licht	
Gartenkresse	Keimschale	-	Licht	1:10
Hanfsamen	Keimschale Keimglas	- 4–12 h	dunkel, ab 3. Tag Licht	
Leinsamen	Keimschale	-	Licht	
Radieschen	Keimschale Keimglas	- 6–12 h	dunkel, ab 3. Tag Licht	
Rettich	Keimschale Keimglas	- 6–12 h	dunkel, ab 3. Tag Licht	
Rotklee	Keimschale Keimglas	- 8–12 h	dunkel, ab 3. Tag Licht	

WÄSSERN/ SPÜLEN PRO TAG	ERNTE	GESCHMACK
2 x besprühen 2 x spülen	7.–12. Tag	mild, herb, nussig
2 x besprühen 2–3 x spülen	2.–3. Tag Sprossen 7.–4. Tag Microgreen	nussig, mild
2 x besprühen 2–3 x spülen	2.–3. Tag Sprossen 10.–17. Tag Microgreen	würzig, leicht bitter, ab 4. Tag zunehmend bitter
2 x besprühen 2–3 x spülen	ab 5.–14. Tag	würzig, pikant
2 x besprühen	2.–3. Tag Sprossen 7.–14. Tag Microgreen	als Sprossen neutral, als Microgreen etwas würziger
2 x besprühen	6.–14. Tag	würzig, leicht scharf
2 x besprühen 3 x spülen	3.–4. Tag Sprossen 5.–7. Tag Microgreen	nussig, knackige Schale
2 x besprühen	2.–3. Tag Sprossen 7.–14. Tag Microgreen	nussig, mild
2 x besprühen 2 x spülen	3.–5. Tag Sprossen 6.–12. Tag Microgreen	scharf, intensiv
2 x besprühen 2 x spülen	3.–5. Tag Sprossen 6.–12. Tag Microgreen	sehr scharf, intensiv
2 x besprühen 2 x spülen	4.–6. Tag Sprossen 6.–14. Tag Microgreen	sehr mild, fein

KEIMEN VON SAMEN	KEIM-METHODE	EIN-WEICHEN	LICHT-/DUNKELKEIMER	GEWICHTSVERHÄLTNIS SAMEN ZU SPROSSEN
MICROGREENS				
Rucola	Keimschale	-	dunkel, ab 3. Tag Licht	
Senf	Keimschale	-	Licht	1:10
Sonnenblumenkerne mit Schale	Keimschale	8–12 h	Licht	
SPROSSEN AUS PSEUDOGETREIDE				
Amaranth			Licht	1:1,5
Buchweizen	Keimglas	0,5–2 h	Licht	1:2
Quinoa			Licht	1:1,5
SPROSSEN AUS VOLLKORNGETREIDE				
Braunhirse			Licht	
Dinkel			Licht/dunkel	
Einkorn	Keimglas	6–12 h	Licht/dunkel	1:1,5
Emmer			Licht/dunkel	
Kamut			Licht/dunkel	
Nacktgerste			dunkel	

Vor dem Verzehr bei niedriger Temperatur andünsten oder kochen

WÄSSERN/ SPÜLEN PRO TAG	ERNTE	GESCHMACK
2 x besprühen	5.-14. Tag	würzig
2 x besprühen	2.-5. Tag Sprossen 6.-14. Tag Microgreen	würzig, scharf
2-3 x besprühen	8.-12. Tag	frisch, knackig
2-3 x spülen	2.-3. Tag	
3-4 x spülen	1.-4. Tag	nussig, mild
2-3 x spülen	1.-4. Tag	
	2.-4. Tag	nussig, knackige Schale
	2.-3. Tag	süß, leicht nussig
	2.-3. Tag	nussig, mild
2-3 x spülen	2.-3. Tag	süß, würzig
	2.-3. Tag	leicht nussig
	2.-3. Tag	süß

KEIMEN VON SAMEN	KEIM-METHODE	EIN-WEICHEN	LICHT-/DUNKELKEIMER	GEWICHTSVER-HÄLTNIS SAMEN ZU SPROSSEN
SPROSSEN AUS VOLLKORNGETREIDE				
Nackthafer		0,5–2 h	Licht	
Roggen		6–12 h	Licht	
Wildreis	Keimglas	8–12 h	Licht	1:1,5
Vollkornreis		8–12 h	Licht	
SPROSSEN AUS HÜLSENFRÜCHTEN				
Adzukibohnen				1:3
Grüne Erbsen				1:2,5
Kichererbsen	Keimglas	8–12 h	dunkel	1:2,5
Linsen				1:2,5–3
Mungbohnen				1:3
Süßlupinen				1:3,5
SPROSSEN AUS SAMEN UND KERNEN				
Kürbiskerne			dunkel	1:2
Sesam	Keimglas	2–4 h	dunkel	1:1,5
Sonnenblumen-kerne			dunkel	1:1,5

Vor dem Verzehr bei niedriger Temperatur andünsten oder kochen

roh – ab dem 4. Keimtag roh genießbar

WÄSSERN/ SPÜLEN PRO TAG	ERNTE		GESCHMACK
2–3 x spülen	2.–3. Tag		leicht nussig, mild
	2.–3. Tag		süß, würzig
	3.–5. Tag		nussig, etwas fester
	3.–5. Tag		neutral, festere Schale
2–3 x spülen	3.–5. Tag	roh	Bohnengeschmack
	3.–4. Tag	roh	süß, leicht bitter
	3.–4. Tag	roh	süß, leicht bitter
	3.–5. Tag	roh	von leicht süß, nussig bis herb, je nach Sorte
	3.–5. Tag	roh	frisch, Bohnengeschmack
	3.–5. Tag	roh	nussig, leicht bitter
2–3 x spülen	1.–3. Tag		nussig
	1.–3. Tag		leicht nussig, bitter
	1.–2. Tag		nussig, mild

EINWEICHEN VON SAMEN	EINWEICH-METHODE	EIN-WEICHEN	LICHT-/ DUNKELKEIMER
EINWEICHEN VON NÜSSEN			
Cashewkerne	Keimglas Einweich-gefäß z. B. Schüssel	0–2 h	dunkel
Erdnüsse (ungeröstet)		6 h	
Haselnüsse		8 h	
Macadamia		0–2 h	
Mandeln		8–12 h	
Paranüsse		0–2 h	
Pekannüsse		4–6 h	
Pistazien (ungeröstet)		0–4 h	
Walnüsse		4–8 h	
EINWEICHEN VON HÜLSENFRÜCHTEN BOHNEN			
Adzukibohnen	Keimglas Einweich-gefäß z. B. Schüssel	8–24 h	dunkel
Kidneybohnen			
Mungbohnen			
Schwarze Bohnen			
Weiße Bohnen			
Weiße Riesen-bohnen			

WÄSSERN/ SPÜLEN PRO TAG	GARZEIT	GESCHMACK
nach dem Einweichen spülen	nach dem Einweichen verzehrfähig	leicht süß, fein
		mild
		kräftig, manchmal bitter
		sehr fein, leicht butterig
		nussig, leicht süß
		erdig, mandelartig
		leicht süß, kräftig
		mild, nussig
		fein aromatisch
nach dem Einweichen spülen oder nach 12 Stunden spülen, Wasser wechseln und weiter einweichen.	30–45 Minuten	süßlich, aromatisch
	1–2 Stunden	herzhaft, würzig
	30–45 Minuten	mild, leicht süßlich
	1–2 Stunden	würzig, nussig
	1–2 Stunden	mild, fast neutral
	1–1,5 Stunden	mild

EINWEICHEN VON SAMEN	EINWEICH-METHODE	EIN-WEICHEN	LICHT-/DUNKELKEIMER
EINWEICHEN VON HÜLSENFRÜCHTEN			
ERBSEN			
Gelbe Erbsen	Keimglas Einweich-gefäß z. B. Schüssel	8–24 h	dunkel
Grüne Erbsen			
Kichererbsen			
LINSEN			
Braune Linsen (Tellerlinsen)		8–12 h	
Belugalinsen		8–12 h	
Berglinsen	Keimglas Einweich-gefäß z. B. Schüssel	8–12 h	dunkel
Gelbe Linsen		4–8 h	
Puy-Linsen (Grüne Linsen)		8–12 h	
Rote Linsen		4–8 h	

WÄSSERN/ SPÜLEN PRO TAG	GARZEIT	GESCHMACK
nach dem Einweichen spülen oder nach 12 Stunden spülen, Wasser wechseln und weiter einweichen		mild
	1-2 Stunden	leicht würzig
		mild, leicht nussig
	30-45 min	kräftig, würzig
	10-20 min	würzig, aromatisch
nach dem Einweichen spülen	15-20 min	süßlich, würzig
	5-10 min	mild, nussig
	15-25 min	nussig, würzig
	5-10 min	mild, nussig

REZEPT-REGISTER

D

E

F

G

H

K

L

M

N

O

P

Q

R

SUPERFOOD-REGISTER

DIE GESUNDE BASIS FÜR DEINE SPEISEKAMMER

GRÜNES BLATTGEMÜSE

Endivie
Feldsalat
Lollo bianco
Romana-Salat
Rucola
Spinat (Babyspinat)
Chinakohl
Spitzkohl
Wirsing (oder Grünkohl)

STÄRKEHALTIGES GEMÜSE

Butternusskürbis
Hokkaidokürbis
Kartoffeln
Pastinaken
Süßkartoffeln

MEERESGEMÜSE

Chlorellapulver
Nori-Blätter

KEIMSAAT/ MICROGREENS ✓

Alfalfa
Brokkoli
Rotklee
Radieschen
Rettich
Senf
Rucola
Gartenkresse

GEMÜSE

Avocado
Brokkoli
Champignons
Chilischote
Frühlingszwiebel
Grüne Erbsen
Gurke
Ingwer
Karotte
Knoblauch
Knollensellerie
Porree (Lauch)
Paprikaschote
Radieschen
Rote Bete
Rote Zwiebel
Staudensellerie
Tomate
Getrocknete Tomaten
Zucchini

OBST

Apfel
Banane
Blaubeeren
Erdbeeren
Grapefruit
Himbeeren
Mango
Papaya
Pflaume
Zitrone

TROCKEN-FRÜCHTE

Datteln
Feigen
Rosinen

HÜLSEN-FRÜCHTE

Bohnen
Kidneybohnen
Mungbohnen ✓
Schwarze Bohnen
Weiße Bohnen

Erbsen
Grüne Erbsen ✓
Kichererbsen ✓

Linsen
Braune Linsen ✓
Grüne Linsen ✓
Rote Linsen

✓ Bio-Keimsaaten für das Sprossenziehen

NÜSSE

Mandeln
Walnüsse
Paranüsse
Cashew

PSEUDO-GETREIDE

Buchweizen
Buchweizenmehl
Quinoa

KERNE

Sonnenblumenkerne
Kürbiskerne
Pinienkerne

SAMEN

Chiasamen
Hanfsamen, geschält
Leinsamen
Sesamsamen

KRÄUTER

Basilikum
Dill
Lorbeerblätter
Minze
Oregano
Petersilie
Rosmarin
Schnittlauch
Thymian

VOLLKORN-GETREIDE

Basmatireis
Rundkornreis
Reis-Pasta
Haferflocken, glutenfrei
Hirse
Nackthafer

KALTGEPRESSTE ÖLE

Hanföl
Kokosöl
Leinöl
Olivenöl

ESSIG

Apfelessig
Balsamico-Essig

GEWÜRZE

Chillipulver
Currypulver
Gemüsebrühe
Hefeflocken
Korianderpulver
Kreuzkümmelpulver
Kurkumapulver
Paprikapulver, edelsüß
Pfeffer
Steinsalz
Vanillepulver
Zimtpulver

SÜẞUNGSMITTEL

Ahornsirup
Kokosblütensirup
Kokosblütenzucker

WEITERES

Backpulver
Brottrunk
Cashewmus
Erdnussmus
Kakao
Kakaonibs
Kokosmilch
Kokosraspeln
Natron
Senf
Sojasoße
Tahin (Sesammus)

DANK

Wer hätte gedacht, dass unsere kleine Superfood-Familie innerhalb weniger Jahre so wachsen würde? Nun halten wir schon unser zweites Buch-Baby in den Händen und könnten kaum glücklicher sein. Und das liegt nicht nur am Buch selbst, sondern in erster Linie an all der wundervollen Unterstützung, die wir von so vielen Seiten erfahren.

Deshalb geht ein ganz großes Dankeschön an alle, die uns bis hierhin unterstützt haben. Dazu gehören mittlerweile einige Hundert Supporter, Fans, Follower, fleißige Sprossen-Shopper in unserem Webshop und vor allem Freunde und Familie. Natürlich danken wir auch allen, die uns finanziell auf Startnext und Kickstarter unterstützt haben. Euer Support hat es uns ermöglicht, mit dem Superfood Assistant in die zweite Runde zu gehen. Und damit einen weiteren Gruß aus der Sprossenküche an euch rausschicken zu können!

Wenn die Augen größer sind als der Appetit, dann kann das an den wundervollen Fotos liegen, die **Jelena Maier** für unser Buch erstellt hat. Wir danken dir für die Bereicherung, die deine Liebe zum Thema Food - sowohl bei den Fotos als auch bei Rezepten - für dieses Buch darstellt.

Cornelia Niesner hat als freiberufliche Texterin und Lektorin nicht nur Ordnung in den Buchstabensalat gebracht, sondern auch jeder Textzutat eine feine Note verliehen. Danke für deinen Blick fürs Detail und den freundschaftlichen Beistand!

An dieser Stelle danken wir von Herzen unserer freiberuflichen Texterin **Jule Fuhrmann** für ihre professionelle Unterstützung und ihre sympathische, liebevolle Art und Weise, unsere Gedanken in Worte zu fassen.

Und weil das Auge bekanntlich immer mitisst, bedanken wir uns bei **Erik Maier**, der dieser Auflage mit seiner Unterstützung im Grafik-Design sein neues Aussehen verliehen hat.

Ein besonderer Dank gilt **René Götzenbrugger**, der uns gleich zu Beginn unserer Reise ermutigt hat, ein Buch über unsere Philosophie, eine nährstoffreiche pflanzliche Ernährung, die wir über Jahre für uns selbst optimiert haben, zu schreiben. Mit seinem kreativen Team der Agentur Graustich entstand die Erstauflage vom Superfood Assistant und damit die Basis für dieses Buch.

Wir freuen uns riesig, mit dem Superfood-Kochbuch nun schon in zweiter Auflage eine umfangreiche Basis für die Ernährung mit Sprossen und Microgreens geschaffen zu haben. Auf unserer Webseite **www.cellgarden.com** findest du weitere Informationen zu unseren Projekten sowie alle hier verwendeten Keimsaaten und Keimgläser zum Nachkaufen. Der Ernährungsblog www.cellgarden.com/blog versorgt dich ergänzend zu diesem Buch mit Tipps und Tricks rund um Fitness und Gesundheit.

Wir wünschen dir eine Zeit voller Superpower und leckerem Essen, das dich mit all seinen Nährstoffen versorgt und mit viel Energie durch dein Leben trägt!

Deine Gourmaker von Cell Garden

Joe, Marina und Alex

CELL GARDEN SUPPORTER

CORNELIA NIESNER

Texterin, Freelancer Lektorat / Text

Die Superpower:
Schreiben und anderen Texten den letzten Schliff verleihen

Das Lieblingsrezept:
Pancakes

JULE FUHRMANN

Studentin Werbung und Marktkommunikation (HDM Stuttgart)

Die Superpower:
Texten und Konzepten, was das Zeug hält

Das Lieblingsrezept:
Rohkost-Brownies

RENÉ GÖTZENBRUGGER

Dipl. Designer, Inhaber Agentur Graustich

Die Superpower:
Innovationspilot, Markenarchitekt

Das Lieblingsrezept:
Sushi

JELENA MAIER

Fotografin, Foodbloggerin, Köchin

Die Superpower:
Foodfotos, Rezeptkreation

Das Lieblingsrezept:
Avocado-Wrap

ERIK MAIER

TV Produzent, Creative Director

Die Superpower:
Kreativer Mastermind, gibt Antworten auf alle Fragen kreativen Schaffens in Print & TV

Das Lieblingsrezept:
Avocado-Wrap, Karottenlachs

CellGarden
BROKKOLI

CellGarden
KICHERERBSEN

CellGarden
BUCHWEIZEN

CellGarden
MUNGBOHNEN

CellGarden
RADIESCHEN